Editora Appris Ltda.
1.ª Edição - Copyright© 2020 dos autores
Direitos de Edição Reservados à Editora Appris Ltda.

Nenhuma parte desta obra poderá ser utilizada indevidamente, sem estar de acordo com a Lei nº 9.610/98. Se incorreções forem encontradas, serão de exclusiva responsabilidade de seus organizadores. Foi realizado o Depósito Legal na Fundação Biblioteca Nacional, de acordo com as Leis nos 10.994, de 14/12/2004, e 12.192, de 14/01/2010.

Catalogação na Fonte
Elaborado por: Josefina A. S. Guedes
Bibliotecária CRB 9/870

P667b
2020
	Pires, Fabiana Lasta Beck
	    Bolt: o cãopeão! / Fabiana Lasta Beck Pires; ilustradora Milena Celetti. - 1. ed. – Curitiba: Appris, 2020.
	    41 p. : il. Color. ; 23 cm – (Artêra)
	
	    Inclui bibliografias
	    ISBN 978-85-473-4545-7
	
	    1. Literatura infantil. I. Título. II. Série.

	CDD - 028.5

Editora e Livraria Appris Ltda.
Av. Manoel Ribas, 2265 – Mercês
Curitiba/PR – CEP: 80810-002
Tel. (41) 3156 - 4731
www.editoraappris.com.br

Printed in Brazil
Impresso no Brasil

Autora
FABIANA LASTA BECK PIRES

Ilustradora
MILENA CELETTI

FICHA TÉCNICA

EDITORIAL	Augusto V. de A. Coelho
	Marli Caetano
	Sara C. de Andrade Coelho
COMITÊ EDITORIAL	Andréa Barbosa Gouveia (UFPR)
	Jacques de Lima Ferreira (UP)
	Marilda Aparecida Behrens (PUCPR)
	Ana El Achkar (UNIVERSO/RJ)
	Conrado Moreira Mendes (PUC-MG)
	Eliete Correia dos Santos (UEPB)
	Fabiano Santos (UERJ/IESP)
	Francinete Fernandes de Sousa (UEPB)
	Francisco Carlos Duarte (PUCPR)
	Francisco de Assis (Fiam-Faam, SP, Brasil)
	Juliana Reichert Assunção Tonelli (UEL)
	Maria Aparecida Barbosa (USP)
	Maria Helena Zamora (PUC-Rio)
	Maria Margarida de Andrade (Umack)
	Roque Ismael da Costa Güllich (UFFS)
	Toni Reis (UFPR)
	Valdomiro de Oliveira (UFPR)
	Valério Brusamolin (IFPR)
ASSESSORIA EDITORIAL	Renata Cristina Lopes Miccelli
REVISÃO	Renata Cristina Lopes Miccelli e
	Tatiane Cristina Possel Greter Schwingel
PRODUÇÃO EDITORIAL	Lucas Andrade
DIAGRAMAÇÃO	Daniela Baumguertner
CAPA	Daniela Baumguertner
ILUSTRAÇÃO	Milena Celetti
COMUNICAÇÃO	Carlos Eduardo Pereira
	Débora Nazário
	Karla Pipolo Olegário
LIVRARIAS E EVENTOS	Estevão Misael
GERÊNCIA DE FINANÇAS	Selma Maria Fernandes do Valle

APRESENTAÇÃO

NOSSOS LIVROS REÚNEM HISTÓRIAS REAIS VIVIDAS NO CONTEXTO DE PANAMBI E CELEBRAM O ENCONTRO ENTRE O HUMANO E O ANIMAL. SOMENTE O HUMANO PODE MODIFICAR A SITUAÇÃO DOS ANIMAIS DE RUA, TIRANDO-OS DA INVISIBILIDADE E CONFERINDO-LHES UMA NOVA CHANCE.

MAIS QUE RETIRÁ-LOS DA RUA, O FOCO DO PROJETO DE EXTENSÃO "EDUCAR PARA NÃO ABANDONAR", REALIZADO EM PARCERIA COM A ONG AMAR, É PREVENIR AS SITUAÇÕES DE ABANDONO, E ISSO SÓ PODE SER FEITO COM MEDIDAS EDUCATIVAS.

FOI JUSTAMENTE POR ISSO QUE DEMOS ASAS AO PROJETO DE PUBLICAÇÃO DE HISTÓRIAS DE RESGATE VIVENCIADAS PELA ONG: PARA PODER LEVÁ-LAS ÀS ESCOLAS E PLANTAR A SEMENTE DO BEM COM AS CRIANÇAS, ALMEJANDO UM FUTURO MAIS DIGNO PARA COM OS ANIMAIS DE RUA.

A NOSSA LUTA É EM PROL DE UMA GERAÇÃO MAIS CONSCIENTE E RESPONSÁVEL, AGINDO PARA QUE MUITOS PROBLEMAS HOJE VIVIDOS POSSAM SER EVITADOS FUTURAMENTE.

O CAMINHO É A EDUCAÇÃO E A CONSCIENTIZAÇÃO...

EDUCAR PARA NÃO ABANDONAR!

A MINHA HISTÓRIA COMEÇOU A PARTIR DO MEU ENCONTRO COM ELA, A MINHA HUMANA...

O QUE VIVI ANTES DESSE ENCONTRO, OU SEJA, MINHA HISTÓRIA DE ABANDONO EM UMA RUA DE PANAMBI, O MEU CORAÇÃO PURO DECIDIU DELETAR DE MINHA MEMÓRIA...

NÓS, CANINOS, SÓ LEVAMOS CONOSCO AQUILO QUE REALMENTE IMPORTA. O RESTANTE DEIXAMOS PARA TRÁS!

NOS VIMOS PELA PRIMEIRA VEZ EM FEVEREIRO DE 2017!

ERA PARA SER UM DIA COMO TODOS OS OUTROS, PARA MIM E PARA MINHA HUMANA...

UM SENTIMENTO INEXPLICÁVEL É O QUE RESUME O NOSSO ENCONTRO.

EU NA RUA E ELA EM SEU CARRO.

SOMENTE UMA PESSOA COMO ELA, DE CORAÇÃO ENORME E MOVIDA PELA CAUSA ANIMAL, PODERIA PERCEBER O QUE O MEU INTERIOR SENTIA.

EU ESTAVA VISIVELMENTE DOENTE, SENDO QUE OS MEUS OLHOS E A MINHA MARCHA DENUNCIAVAM ISSO.

OLHEI NO FUNDO DOS OLHOS DELA – E PENSO QUE FOI NESSE MOMENTO QUE A CONQUISTEI. A HUMANA PAROU PARA ME ALIMENTAR, TODAVIA TUDO O QUE EU QUERIA DELA ERA UM AFAGO. A COMIDA FICOU PARA SEGUNDO PLANO. O CALOR DE SUAS MÃOS ERA TUDO O QUE EU PRECISAVA...

POR ALI ELA PASSAVA TODOS OS DIAS E VIA-ME NO MESMO LUGAR, ATÉ QUE UM DIA TOMOU UMA ATITUDE OUSADA: CONVIDOU-ME PARA SEGUI-LA.

QUANDO FUI RESGATADO, EU ESTAVA MUITO MAL E A HUMANA DECIDIU CHAMAR A VETERINÁRIA EM NOSSA CASA. FOI NESSE MESMO DIA QUE ANDEI E LEVANTEI A PATA PARA FAZER XIXI PELA ÚLTIMA VEZ POR UM LONGO TEMPO.

PASSEI A USAR FRALDAS, POIS NÃO HAVIA MAIS CONTROLE ESFINCTERIANO. UMA VEZ POR SEMANA, SAGRADAMENTE, EU TOMAVA UM BANHO QUENTINHO E FICAVA ME SECANDO AO SOL, ALÉM DE FAZER FISIOTERAPIA DIÁRIA.

MINHA HUMANA ASSUSTOU-SE COM O NOME DE MINHA DOENÇA: CINOMOSE, UMA DAS PIORES ENFERMIDADES DE UM CANINO! A FASE AVANÇADA DA DOENÇA PARALISOU O MEU CORPO E, POR MAIS QUE TENTASSE, EU NÃO CONSEGUIA MEXER OS MEUS MEMBROS, UMA VEZ QUE ELES NÃO RESPONDIAM MAIS AOS MEUS COMANDOS. PERDI QUASE TODA A MUSCULATURA, PRINCIPALMENTE DAS PATAS TRASEIRAS, MAS NÃO PERDI A VONTADE DE VIVER, POIS EU TINHA A MINHA HUMANA E ELA TINHA A MIM.

JUNTOS, EU E ELA APRENDEMOS MUITAS LIÇÕES.

FORAM MESES QUE NOS MODIFICARAM INTERNAMENTE!

PERCEBIA A ANGÚSTIA E O SOFRIMENTO DELA AO ME VER PARALISAR RAPIDAMENTE DA NOITE PARA O DIA SEM PODER FAZER NADA...

PERCEBI, ALÉM DE TUDO ISSO, QUE ELA ESTAVA AFLITA – TALVEZ ATÉ EM FUNÇÃO DE MEU TAMANHO, POIS TRATAVA-SE DE UM "CACHORRÃO", UMA NOVIDADE PARA ELA, JÁ QUE A VIDA TODA TEVE ANIMAIS DE PEQUENO PORTE. PORÉM ESSA NOVIDADE TORNOU-SE UM DESAFIO PARA A MINHA HUMANA. JAMAIS ELA PODERIA ME RECUSAR OU ME ABANDONAR POR CONTA DE UM DETALHE TÃO INSIGNIFICANTE. ASSIM, APRENDEU A LIDAR COM O MEU CORPÃO PESADO E RÍGIDO. SUA COMPAIXÃO E COMPROMETIMENTO FALARAM MAIS ALTO DO QUE TODOS OS OBSTÁCULOS QUE PODERIAM EXISTIR.

MAL SABÍAMOS, ELA E EU, O QUE NOS AGUARDAVA, TAMANHOS DESAFIOS E SUPERAÇÕES QUE, JUNTOS, ENFRENTARÍAMOS.

APESAR DE TODA ATENÇÃO E CARINHO QUE
ELA DEDICAVA A MIM, NEM TUDO ESTAVA
SOB SEU CONTROLE. VIVEMOS COMO EM
UMA MONTANHA RUSSA, REPLETA DE ALTOS
E BAIXOS. EU MELHORAVA LENTAMENTE
E PIORAVA VELOZMENTE... AINDA BEM
QUE, PARA ISSO, MINHA HUMANA E EU
CONTÁVAMOS COM A AJUDA DE MAIS UMA
HUMANA ILUMINADA, UM ANJO EM FORMA DE
GENTE, QUE ACOMPANHOU TODA A MINHA
HISTÓRIA...

CONFESSO QUE SENTI MUITAS DORES,
FÍSICAS E EMOCIONAIS, PORÉM ESSAS
HUMANAS NUNCA DEIXARAM DE ACREDITAR
EM MINHA CURA...

ELA E A VIZINHANÇA INTEIRA OUVIAM AQUELE CHORO TRISTE SEM SABER SE ERA DE DOR OU POR VONTADE DE SAIR DAQUELA SITUAÇÃO INERTE QUE A CINOMOSE ME IMPUSERA... ERA MUITA ENERGIA ACUMULADA EM UM CORPO QUE NÃO MAIS RESPONDIA AOS MEUS COMANDOS.

ESSA DOENÇA VIRAL É ALTAMENTE CONTAGIOSA E CRUEL, TENDO ALTOS ÍNDICES DE MORTALIDADE. ELA AFETA OS SISTEMAS RESPIRATÓRIO, DIGESTIVO E NEUROLÓGICO, QUE NO MEU CASO PROPORCIONOU A INCOORDENAÇÃO MOTORA DOS MEUS MEMBROS.

COMO PUDE SER ACOMETIDO POR ESSA DOENÇA TÃO INFELIZ? PELO SIMPLES FATO DE NÃO TER SIDO VACINADO, VIVER NAS RUAS E FREQUENTAR LOCAIS SEM HIGIENE, EM CONDIÇÕES PRECÁRIAS.

CADA CONQUISTA E CADA MOVIMENTO FORAM COMEMORADOS, POIS ELA SABIA DO ESFORÇO QUE ESTAVA POR TRÁS DAQUELE FEITO.

ELA SE DESCOBRIU UMA ENGENHEIRA, POIS SEUS SUPORTES DE PLANTA TRANSFORMARAM-SE EM CADEIRAS DE RODA PROVISÓRIAS... PRECISAVA ME TIRAR DAQUELA INÉRCIA, DE FICAR DEITADO SÓ MEXENDO A CABEÇA.

DEPOIS VEIO UMA CADEIRA DE RODAS, DESSA VEZ PROJETADA POR UM ENGENHEIRO DE VERDADE. SÓ DE VÊ-LA SE APROXIMAR EU JÁ FICAVA EM ÊXTASE. ELAS ERAM AS MINHAS PERNAS E ME PERMITIAM SENTIR O VENTO BATENDO EM MEU ROSTO E O SANGUE CORRENDO EM MINHAS VEIAS NOVAMENTE. SÓ EU SABIA O QUANTO ISSO ERA VALIOSO! NESSA FASE EU ESTAVA COM PATAS DE BAILARINO, NÃO CONSEGUINDO ESPALMAR NO CHÃO.

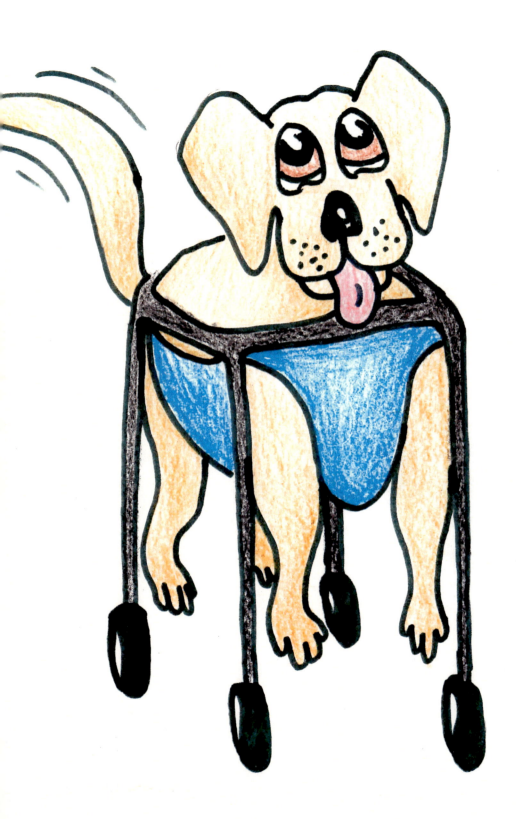

TEVE AMOR DE CRIANÇA ENVOLVIDO TAMBÉM, UM ENCONTRO DE TRÊS ALMAS PURAS. O AFETO É CAPAZ DE CURAR AS FERIDAS MAIS PROFUNDAS.

TENHO CERTEZA DE QUE O CARINHO DO LUCAS E DO GABRIEL NÃO ME DEIXAVA DESISTIR. SEUS SORRISOS E BRINCADEIRAS ERAM UM INCENTIVO PARA A MINHA MELHORA. COMO QUERIA EU PODER CORRER E PULAR NO GRAMADO COM ELES! AFINAL, SEI QUE ISSO OS FARIA FELIZES TAMBÉM.

PARECE QUE ELES ME ENTENDIAM, PODIA VER EM SEUS OLHOS! UM CHAMADO PARA A VIDA, PARA UM RECOMEÇO MAIS FELIZ!

ASSIM FOI ATÉ QUE, EM AGOSTO DE 2017, APÓS SEIS LONGOS MESES DE PARALISIA, O MILAGRE ACONTECEU DIANTE DE NÓS, E CUSTAMOS PARA ACREDITAR NELE! ESPERAMOS TANTO POR AQUELE DIA, MAS CONFESSAMOS QUE EM ALGUNS MOMENTOS PENSAMOS QUE ELE JAMAIS CHEGARIA...

VOCÊ JÁ DEVE ESTAR IMAGINANDO DO QUE SE TRATA, NÃO É?

ISSO MESMO! EU VOLTEI A FICAR EM PÉ E A SUSTENTAR O MEU CORPO! DEI UMA VOLTINHA CAMBALEANTE QUE ARRANCOU LÁGRIMAS DAS MINHAS CUIDADORAS, QUE SABIAM O VALOR DAQUELE RODOPIO DESCOORDENADO. CAMINHAVA UM POUCO, COM MEU CORPO AINDA

ATROFIADO DE PERMANECER INERTE, CAÍA E ME LEVANTAVAM, ATÉ O DIA EM QUE APRENDI A CAIR E ME LEVANTAR SOZINHO! MEU TRONCO, A PRINCÍPIO LENTO E INSTÁVEL, FOI SE FORTALECENDO E LOGO, LOGO EU ESTAVA CORRENDO!

VOCÊ ESTÁ SURPRESO? IMAGINA OS MEUS HUMANOS! IMAGINA EU, ENTÃO! PODER VOLTAR A SENTIR A VIDA PELA LIBERDADE DE MOVIMENTAR O MEU CORPO! UM CÃO, MINHA GENTE, TEM O MOVIMENTO EM SUA ESSÊNCIA!

HOJE CARREGO APENAS, EM MEU CORPO, AS MARCAS QUE A CINOMOSE E A VIDA DE CÃO DE RUA ME DEIXARAM. MAS O MEU CORAÇÃO ESTÁ EM PAZ, POIS TIVE QUE PASSAR TRABALHO A PONTO DE QUASE MORRER PARA ENTÃO SUBMERGIR E RECOMEÇAR. SE A LUTA VALEU A PENA? SIM, VALEU! TER UMA FAMÍLIA COMO A QUE EU CONQUISTEI VALE QUALQUER ESFORÇO!

MINHA IDADE, AO CERTO, NÓS NÃO
SABEMOS... CONTINUA SENDO
UMA INCÓGNITA, PORÉM ISSO
TAMPOUCO IMPORTA!

AGORA O SIGNIFICADO DO TERMO (CÃO)
PEÃO EM MEU NOME VOCÊS JÁ SABEM, NÉ?

DA CINOMOSE PARA A VIDA! DA DOENÇA
PARA A CURA! DA RUA PARA UM LAR!
DO ABANDONO PARA UMA FAMÍLIA! DA
INVISIBILIDADE PARA TODO O AMOR QUE
QUALQUER ANIMAL MERECE!

LIÇÃO DEIXADA PELO BOLT A VOCÊ, AMIGUINHO:

ESTENDA O SEU OLHAR A UM ANIMAL DE RUA E ESCOLHA MUDAR A VIDA DE ALGUÉM: A DO ANIMAL ACOLHIDO E, PRINCIPALMENTE, A SUA! FAÇA PARTE DO TIME DAQUELES QUE TÊM ATITUDE! OUSE AMAR, OUSE RESGATAR!

ADOTANDO, DAMOS UMA CHANCE DE RECOMEÇO PARA UM PELUDO E CONTRIBUÍMOS PARA TRANSFORMAR O MUNDO EM UM LUGAR MAIS JUSTO PARA SE VIVER! ADOTAR É UM GESTO DE AMOR!

PARA CADA PELUDO ABANDONADO, HÁ UM LAR POTENCIALMENTE PROVIDENCIADO!

NA ONG AMAR VOCÊ PODE ESCOLHER AMOR ANIMAL (CANINO E FELINO) EM EMBALAGENS PEQUENAS, MÉDIAS OU GRANDES. SÓ NÃO PODE DEIXAR DE ESCOLHER ADOTAR!

JUNTE-SE A NÓS E AME SEM PRECONCEITO, POIS O AMOR NÃO TEM TAMANHO OU FORMA PADRÃO!

HÁ MUITOS LARES TEMPORÁRIOS QUE AMPARAM SERES REPLETOS DE VIDA E LUZ, SÓ ESPERANDO PARA SEREM ESCOLHIDOS.

ACOMPANHEM O TRABALHO DA ONG AMAR E DO PROJETO "EDUCAR PARA NÃO ABANDONAR" VIA FACEBOOK OU INSTAGRAM.

ALMEJAMOS QUE O NOSSO MUNICÍPIO POSSA, QUIÇÁ, TORNAR-SE UMA REFERÊNCIA EM CUIDADOS E PROTEÇÃO À VIDA, MINIMIZANDO A OCORRÊNCIA DE ANIMAIS ABANDONADOS OU QUE SOFREM MAUS TRATOS.

GLOSSÁRIO

AFAGO: AÇÃO DE AFAGAR; ATO DE DEMONSTRAR CARINHO; CARÍCIA OU CARINHO.

ATROFIADO: QUE CONTÉM OU DEMONSTRA ATROFIA; QUE NÃO CONSEGUIU SE DESENVOLVER POR COMPLETO.

CAMBALEANTE: QUE CAMBALEIA; QUE ANDA DE MANEIRA INSEGURA.

CINOMOSE: DOENÇA ALTAMENTE CONTAGIOSA PROVOCADA PELO VÍRUS CDV OU VÍRUS DA CINOMOSE CANINA.

CONTAGIOSA: QUE PASSA PELO CONTATO; QUE SE TRANSMITE OU SE PROPAGA POR CONTÁGIO E PARA ELE SERVE DE VÍNCULO.

ESFINCTERIANO: MÚSCULO ANULAR, QUE SERVE PARA ABRIR E FECHAR DUCTOS, ORIFÍCIOS OU CANAIS.

ESPALMAR: ABRIR, ESTENDER COMPLETAMENTE.

DELETAR: APAGAR, REMOVER OU RETIRAR UMA INFORMAÇÃO, PROGRAMA, TEXTO, ARQUIVO ETC.

ENFERMIDADE: QUALQUER ALTERAÇÃO PATOLÓGICA DO CORPO; DOENÇA, MOLÉSTIA, PATOLOGIA.

ÊXTASE: CONDIÇÃO DAQUELE QUE ESTÁ EMOCIONALMENTE FORA DE SI OU TOMADO POR SENSAÇÕES ADVERSAS, INTENSAS E CONTUNDENTES COMO: PRAZER, ALEGRIA, MEDO ETC.

FISIOTERAPIA: TRATAMENTO MÉDICO POR MEIO DE AGENTES FÍSICOS: LUZ, CALOR, FRIO, ELETRICIDADE, EXERCÍCIO ETC.

INCÓGNITA: ENIGMA; O QUE NÃO SE PODE DETERMINAR; QUE NÃO SE CONHECE OU É IMPOSSÍVEL DE SE CONHECER.

INCOORDENAÇÃO: FALTA DE COORDENAÇÃO.

INERTE: QUE NÃO POSSUI MOVIMENTO NEM SE CONSEGUE MOVIMENTAR; IMÓVEL.

INVISIBILIDADE: ESTADO DO QUE É INVISÍVEL.

MARCHA: AÇÃO OU EFEITO DE MARCHAR; MODO DE CAMINHAR.

MEMBROS: APÊNDICE LATERAL DO TRONCO DO HOMEM E DOS VERTEBRADOS EM GERAL, QUE SERVE PARA LOCOMOÇÃO E A PREENSÃO.

MORTALIDADE: O NÚMERO OU QUANTIDADE DE SERES QUE MORREM EM CERTA ÉPOCA, IDADE OU DE DETERMINADA DOENÇA.

OBSTÁCULOS: AQUILO QUE DIFICULTA OU IMPEDE A REALIZAÇÃO DE UM MOVIMENTO; O QUE PODE ATRAPALHAR A PROGRESSÃO DE ALGO OU DE ALGUÉM.

OUSADIA: CARACTERÍSTICA OU PARTICULARIDADE DO QUE É OUSADO; QUE POSSUI VALENTIA OU CORAGEM; ARROJO OU CORAGEM.

PARALISIA: INTERRUPÇÃO COMPLETA DO MOVIMENTO VOLUNTÁRIO DE UM MÚSCULO, CAUSADA POR UMA LESÃO NEUROLÓGICA.

PRECÁRIAS: QUE ESTÁ EM MÁS CONDIÇÕES; SOFRÍVEL.

RÍGIDO: QUE NÃO É FLEXÍVEL NEM TRANSIGENTE.

RODOPIO: ROTAÇÃO DO CORPO, TENDO UMA DAS PERNAS COMO EIXO.

SUBMERGIR: COBRIR DE ÁGUA; INUNDAR, MERGULHAR, AFUNDAR.

TESO: ESTICADO, RÍGIDO.

TODAVIA: MAS; PORÉM; CONTUDO.

VIRAL: VIRÓTICO; RELACIONADO COM ALGUM VÍRUS OU CAUSADO POR ELE.

O COACHING INTEGRAL SISTÊMICO

RAZÃO

+

EMOÇÃO

↓

OBJETIVOS

AQUI VOCÊ VAI APRENDER A AVALIAR SUA VIDA EM TODOS OS PILARES:

Espiritual

Parentes

Conjugal

Filhos

Saúde

Social

Servir ao próximo

Intelectual

Financeiro

Profissional

Emocional

Costumo dizer que são necessários até quatro meses para tirar sonhos do papel e fazer uma verdadeira revolução na vida. Basta ter as ações certas, na intensidade certa. O livro *Foco na prática* desafia você a realizar metas em um tempo ainda menor. Serão dois meses de imersão para alcançar mudanças e tornar-se alguém muito mais focado no que verdadeiramente importa, tudo isso por meio de ferramentas e conceitos do Coaching Integral Sistêmico.

Todo processo de coaching começa com a identificação do **estado atual**, ou seja, onde está sua vida hoje. Em seguida, busca-se identificar aonde você quer efetivamente chegar, seus objetivos, o que chamamos de **estado desejado**. Com base nesses dados, são identificados os fatores impeditivos e facilitadores no seu caminho e são traçadas as ações que o levarão do ponto inicial ao ponto desejado.

Enquanto o coaching tradicional baseia-se apenas na condução lógica e cognitiva do processo, o Coaching Integral Sistêmico se diferencia por mobilizar razão e emoção, com a mesma intensidade, na direção de seus objetivos.

Além disso, compreendemos o indivíduo (ser humano) como integrante de sistemas maiores que têm influência entre si. Problemas na vida conjugal prejudicam a vida profissional, que, por sua vez, interfere na vida financeira, e assim por diante. Da mesma maneira, as mudanças (positivas ou negativas) que você implementar em si mesmo vão repercutir no ambiente em que está inserido. Dessa forma, o Coaching Integral Sistêmico entende o ser humano como um todo e foca seus objetivos específicos, sem deixar de lado outros pilares que precisam de atenção e reestruturação.

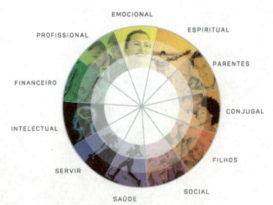

QUER SABER MAIS SOBRE O ASSUNTO?
ASSISTA À SÉRIE *O QUE É COACHING INTEGRAL SISTÊMICO* NO LINK:
febracis.com.br/focopratica

COMO UTILIZAR ESTE LIVRO?

Com a leitura do capítulo **FOCO: O MODELO MENTAL E COMPORTAMEN-TAL DAS PESSOAS DE SUCESSO**, você terá clareza do que precisa ser feito para trilhar uma jornada vitoriosa. Após compreender o que é foco visionário, comportamental e consistente, terá em suas mãos um instrumento valioso para aplicar este conhecimento.

Após a leitura, o primeiro exercício a ser feito é o **Mapa de Autoavaliação Sistêmico (MAAS).** O MAAS é uma ferramenta de identificação do **estado atual** que avalia a sua vida em todos os pilares: espiritual, parentes, conjugal, filhos, saúde, social, servir ao próximo, intelectual, financeiro, profissional e emocional. Nós acreditamos que uma existência plena e abundante não é possível sem uma vida sistêmica.

Mesmo que haja algum pilar com o qual você não se identifique ou que você não veja como prioritário, é fundamental que a ferramenta seja preenchida por completo e seguindo os critérios da Febracis. Talvez aquele pilar que você está colocando em segundo plano seja exatamente o que você precisa melhorar para ter um salto de qualidade nas outras áreas.

O MAAS aparecerá novamente a cada 30 dias para que você reavalie cada um dos pilares e perceba onde houve progresso e onde continua deficiente.

O segundo exercício a ser preenchido se chama **Mural da Vida Extraordinária**, uma ferramenta de **estado desejado**. Nela você transformará seus sonhos e seus desejos em imagens. Com base no Mural, todos os dias você visualizará seus sonhos tornando-se realidade, exercício que estimula a produção de dopamina — conhecida como hormônio da persistência. Esta é uma poderosa ferramenta para mantê-lo focado e motivado na busca de seus objetivos.

A realização acontece em quatro estágios: sonho, visão, objetivo e ação. A partir do sonho cria-se a visão positiva de futuro. Essa visão é transformada em objetivo e o objetivo gera as ações. Dessa forma, tendo sua visão positiva de futuro, o próximo passo é transformar essa visão em objetivos concretos e metas neurologicamente corretas, de acordo com as instruções da ferramenta **Objetivos para cada pilar**. Os objetivos listados na ferramenta serão seu foco durante os próximos dois meses.

Depois de utilizar essas ferramentas iniciais, você chegará a exercícios que, daqui em diante, farão parte da sua rotina. Todos os dias este livro apresenta uma **frase inspiradora** que leva você à reflexão. Essas frases foram criteriosamente selecionadas levando em conta as questões que afligem meus clientes durante o processo de coaching.

Leia e releia a frase do dia, pense sobre o modo como essa frase se aplica à sua vida e à pessoa que você vem sendo até hoje. Depois escreva qual aprendizado a frase lhe proporcionou.

Lembre-se: conhecimento é diferente de aprendizado. Entender o conteúdo da frase é adquirir o conhecimento. Aprendizado é perceber de que modo aquela frase se aplica à sua vida e mudar de atitude a partir da reflexão.

APRENDER = MUDAR

Além das frases, há também uma série de **perguntas diárias** voltadas para o seu dia a dia, que convidam você a refletir e planejar suas ações e sua comunicação com o mundo e consigo mesmo, sempre tendo em vista seus objetivos. Essas perguntas também são baseadas no método do Coaching Integral Sistêmico e estão agrupadas em questões para o "começo do dia" e para o "fim do dia".

Na última página do livro você encontrará os **desafios do dia.** Recorte-os, conforme indicado, transformando-os em pequenos cartões individuais. Todos os dias, embaralhe os cartões e escolha um deles ao acaso. Cada desafio consiste numa tarefa a cumprir durante o dia. Pequenos gestos que exercitam uma comunicação de amor consigo mesmo e com o outro.

Estudos científicos mostram que pessoas gratas são mais saudáveis[1], pessoas otimistas produzem mais[2] e pessoas felizes são bem-sucedidas[3]. Faça todas as atividades e responda a todas as perguntas, mesmo que elas não pareçam estar relacionadas aos seus objetivos. Confie no método e você verá grandes resultados.

BEM-VINDO À SUA JORNADA!

[1] Robert A. Emmons. *Agradeça e seja feliz.* 2009
[2] Teresa Aubele; Doug Freeman; Lee Hausner; Susan Reynolds. *Mentes milionárias.* 2013.
[3] Shawn Achor. *O jeito Harvard de ser feliz.* 2012.

FOCO: O MODELO MENTAL E COMPORTAMENTAL DAS PESSOAS DE SUCESSO

FOCO É TAMBÉM
A CAPACIDADE DE DIZER NÃO
PARA MUITAS COISAS
E DIZER SIM PARA POUCAS.

GRANDES REALIZAÇÕES
COMEÇAM
COM PEQUENAS ATITUDES,
E ISSO É ESTILO DE VIDA!

Certo dia, quando eu era criança, meu pai chegou do trabalho trazendo uma lupa. Ele me ensinou que, com ela, eu poderia ver coisas bem minúsculas. E, de fato, foi uma ótima novidade científica para um menino de 9 anos. Passei a ver coisas que antes não via, como os detalhes em insetos e a textura do papel. Foi muito legal! No entanto, o melhor das minhas descobertas científicas infantis aconteceu quando aprendi a fazer poderosos raios com a minha lupa.

Percebi que, quando estava sob o Sol, a lupa fazia convergir para um único ponto todos os raios da luz solar e vi que aquilo produzia calor. Muito calor! Tornei-me quase um super-herói com poderes sobrenaturais, afinal, sem fósforo ou isqueiro, comecei a queimar folhas, papéis e acabei por testar a força dos meus soldadinhos de brinquedo em batalhas terríveis com alienígenas e seus raios de calor. O que mais me alegrava, no entanto, era fazer fogo no papel de pão. A mágica de produzir calor e fogo a partir do nada me fascinava.

Trazendo para a realidade atual, percebo que aquela "mágica" era o poder do foco: **aproveitar as condições naturais já disponíveis para qualquer um e produzir poder ao concentrar atenção, pensamentos, comportamentos e ações em um único ponto com objetivos claros**. Trata-se de um potencial de realização incrível, disponível para qualquer pessoa, independentemente de escolaridade, idade, raça, sexo etc. Contudo, com meu trabalho de Coaching Integral Sistêmico, pesquisas e muita observação, percebi que a maioria das pessoas não possui uma vida de realização simplesmente por não saber usar o poder do foco.

O poder de se tornar presidente de um país, salvar milhares de vidas, descobrir um medicamento ou uma fórmula matemática está disponível para todos. Esse poder é a capacidade de estabelecer foco. Algo possível para qualquer um, tendo em vista que todos nós temos uma capacidade de realização incrível. Essa capacidade está sempre disponível, mas, na maioria das vezes, costuma estar dispersa ou diluída em atividades improdutivas e que tiram nossa atenção do que realmente é importante.

ONDE FOCAR?

O primeiro passo deve ser decidir onde focar sua atenção e seus comportamentos. É preciso saber em que, ou onde, manter o foco. Talvez você esteja colocando todo o foco na sua vida profissional, mas, se ela já está bem encaminhada, não seria esse o momento de se dedicar mais à família ou à saúde? Ou quem sabe você esteja focado em praticar um esporte ou um hobby e dedique de três a quatro horas por dia a isso, mas sua carreira necessite de mais atenção e ações do que sua performance atlética? Pode ser também que você esteja se dedicando a festas e baladas de segunda a domingo, mas será que a vida estudantil ou profissional não está mais carente de ações massivas?

Na metodologia do Coaching Integral Sistêmico (CIS),[1] acreditamos que podemos equilibrar e potencializar todas as áreas da vida. Para sermos felizes em uma área, não precisamos ser infelizes em outra. Se você acredita no ditado "Sorte no jogo, azar no amor", está na hora de questionar algumas de suas "verdades".

Para descobrir onde devemos colocar nosso foco e nossa energia, precisamos antes basear nossas mudanças em duas questões primordiais: a primeira diz respeito aos nossos problemas e às nossas limitações; a segunda está relacionada aos nossos sonhos e às nossas metas. Você precisa refletir sobre os problemas que vem enfrentando hoje e que atrapalham sua vida extraordinária. Ao descobrir tudo que o impede, você saberá exatamente onde ou em que focar.

Relacione os dois maiores problemas da sua vida que precisam ser resolvidos.
1._____
2._____

Agora relacione os dois mais importantes sonhos ou objetivos que deseja conquistar.
1._____
2._____

ELIMINE AS DISTRAÇÕES

Persistir ao longo do tempo e não parar diante das adversidades. Tomar essa atitude costuma ser difícil para muitas pessoas, mas é fundamental para a obtenção do sucesso em qualquer projeto. Quem para no meio do caminho não chega a lugar nenhum, por isso é necessário completar todas as tarefas para atingir algum resultado.

O que faz alguém começar uma jornada na direção do seu alvo e depois mudar a direção? A verdade é que poucas pessoas fracassam, a maioria para e desiste antes de fracassar. Pense um pouco: de qual projeto você desistiu antes de

---

1 O Coaching Integral Sistêmico® (CIS) é um método criado e desenvolvido por mim. Nele, o coaching tradicional (processo que conduz pessoas e empresas para a realização de objetivos) é expandido e trabalha os lados racional e emocional do ser humano. Além disso, considera que o ser humano é sistêmico, ou seja, se ele apresenta um problema em uma área da vida, isso pode afetar todas as outras. No CIS®, todos os pilares que compõem o indivíduo são importantes: do financeiro ao emocional, da saúde ao conjugal.

tentar "porque não teve tempo", "porque daria muito trabalho" ou "porque não teve disciplina"? Qual história você conta a si mesmo para nem tentar alcançar um resultado ou desistir no meio do caminho?

Se quer completar a sua ópera, precisa ir até o fim e identificar o que o paralisa no meio do caminho. É o WhatsApp, o Facebook, a novela, os filmes, as séries, as novas postagens dos *youtubers*? Será que é algum vício? Qual tem sido a pedra no seu caminho? Certamente, sem ela, ou elas, é natural ir em frente para vencer a si mesmo, tornando-se a cada dia um ser humano melhor do que ontem.

Há quase vinte anos, identifiquei que a TV tirava o meu foco, o meu tempo e a minha capacidade de realização. À noite, depois que minha esposa dormia, eu assistia a filmes para relaxar após um exaustivo dia de trabalho. Os filmes começavam às 23 horas e iam até 1 hora da madrugada. Em consequência desse tempo usado com os filmes, eu não estava mais lendo a Bíblia como antes, conversava e me relacionava cada vez menos com a minha esposa. Acordava mais tarde e praticava menos exercício do que deveria e, por causa disso, e da quantidade menor de horas dormidas, eu trabalhava cansado e produzia cada vez menos. Um único hábito nocivo estava tirando minha capacidade de focar e atuar em várias áreas da vida: espiritual, conjugal, saúde, profissional e financeira.

Com base no meu exemplo, reflita sinceramente sobre o que tira o seu foco. Saiba que nada gera mais autoconfiança do que a capacidade de realização, ver em si mesmo uma pessoa melhor a cada dia. Não importa se você está realizando pequenos ou grandes objetivos. Grandes realizações começam com pequenas atitudes, e isso é estilo de vida!

Você precisa realizar, ainda que seja a leitura de um pequeno livro. Não apenas realize, mas comemore essa leitura! Se você não tem o hábito de ler um livro até o fim, comece pelo menor livro que tiver e compartilhe essa conquista com quem você ama. Tudo bem se forem apenas cinquenta páginas. Se você leu, já se trata de uma realização. A cada novo objetivo alcançado (e comemorado), as suas crenças de identidade, de capacidade e de merecimento são alteradas.[2]

---

2   As crenças são todo aprendizado adquirido durante a vida que determina os comportamentos, as atitudes, os resultados, as conquistas e a qualidade de vida. Elas estão diretamente relacionadas à autoestima que, numa explicação simples, é o bem-querer que uma pessoa tem por si mesma. Entretanto, para que ela se queira bem, é preciso combinar três tipos de crença que, juntos, dão forma ao indivíduo: **a crença de identidade**, que se refere ao ser (eu sou); **a crença de capacidade**, que se refere ao fazer (eu posso ou eu sou capaz); e finalmente **a crença de merecimento**, que se refere ao merecer (eu mereço). Se você, leitor, quiser saber mais sobre esse tema, aconselho a leitura do livro *O Poder da Ação*, no qual falo mais profundamente sobre o assunto.

Concretizar metas vai se tornar um hábito e, quando você se der conta, sairá de uma corrida de 2 quilômetros para uma de 42 quilômetros. Contudo, para correr mais de 40 quilômetros, você precisa correr o primeiro quilômetro. Celebre intensamente cada nova vitória!

Antes de qualquer coisa, porém, elimine as distrações que o interrompem, atrapalham e seduzem para o prazer imediato. **Foco é também a capacidade de dizer não para muitas coisas e dizer sim para poucas.**

> **Algumas pessoas acham que foco significa dizer sim para a coisa que você vai focar. Mas não é nada disso. Significa dizer não às centenas de outras boas ideias que existem. Você precisa selecionar cuidadosamente.**
>
> (Steve Jobs)

Você já parou para pensar por que pessoas com o mesmo nível intelectual e cognitivo produzem resultados tão diferentes na vida? A resposta é simples: pessoas verdadeiramente realizadoras não se distraem. Isso mesmo! E, por não se distraírem, elas são capazes de qualificar e manter o foco no que de fato é importante, e assim, são capazes de agir e produzir até dez vezes mais e com mais qualidade do que seus pares ou concorrentes.

Pessoas imaturas não conseguem manter o foco nos seus objetivos. Elas logo perdem a perspectiva do que de fato importa fazer ou conquistar. São como crianças que querem muito, mas fazem pouco ou quase nada para alcançar seus sonhos ou resolver seus problemas. E, pela falta de responsabilidade, típica de uma criança, ficam esperando alguém ou a divina providência fazer algo por elas.

Este é o início do seu processo de aprendizagem. Para que ele se torne mais efetivo, peço-lhe que pare sua leitura por um momento e responda com atenção ao exercício a seguir, pois, para saber o que tira seu foco, é necessário examinar todas as áreas da sua vida e escolher, em cada pilar, uma única coisa que o impede de focar o que mais importa. Na sua vida financeira, por exemplo, o que vem impedindo você de alcançar aquela renda mensal com a qual tanto sonha?

Primeiro, escreva o que é mais importante para você em cada pilar, em seguida escreva o principal fator de distração que o impede de realizar seus objetivos. Por último, tome uma decisão desafiadora para eliminar o seu impedimento. Quanto antes você acabar com suas distrações, mais rapidamente alcançará resultados extraordinários.

PILAR	O QUE É MAIS IMPORTANTE?	O QUE DISTRAI VOCÊ?	O QUE FAZER PARA ELIMINAR A DISTRAÇÃO?
EXEMPLO 1: PARENTES	*Tempo de qualidade com minha família*	*Filmes, séries.*	*Tirar a TV do quarto e assistir filmes apenas com meus filhos e esposa.*
EXEMPLO 2: CONJUGAL	*Tempo de qualidade com a minha esposa.*	*Ir com os colegas de trabalho para um barzinho todos os dias após o expediente.*	*Marcar com os colegas a ida ao barzinho apenas uma vez por semana.*
ESPIRITUAL			
PARENTES			
FILHOS			
SOCIAL			
SAÚDE			
SERVIR			
INTELECTUAL			
FINANCEIRO			
PROFISSIONAL			
EMOCIONAL			

> "A verdadeira decisão é medida pelo fato de que você tomou uma atitude. Se não houver atitude, então você realmente não decidiu."
>
> (Anthony Robbins)

INTELIGÊNCIA FOCO-TEMPORAL

Quando estudamos pessoas e seus resultados, tomando como base a estrutura **foco-temporal**, entendemos com toda a clareza o sucesso de pessoas que vieram de baixo e o fracasso das pessoas que vieram de cima e tinham aparentemente tudo. Como também entendemos a depressão de pessoas que vivem em um contexto superpositivo e a felicidade e a plenitude de pessoas que vivem cercadas de graves problemas e aflições.

Já sabemos que foco é poder e que, dependendo de onde e como colocamos esse poder, podemos obter resultados bons ou ruins. Agora, aprenderemos a mover o foco ao longo da linha do tempo e também a qualificá-lo; mas, para isso, o primeiro passo é entender a relação entre o foco e a linha do tempo. De forma bem tradicional, temos a representação de passado, presente e futuro em uma linha:

PASSADO

Com relação ao passado, temos apenas uma maneira de nos conectar com ele: através de memórias e lembranças. E, para efeito prático, temos apenas dois tipos de lembrança: as boas e as más. É bem verdade que nossas lembranças do passado não representam a verdade do que de fato ocorreu, e sim a nossa representação distorcida pelo tempo e pelo significado que damos ao evento.

Entretanto, uma vez armazenado, o passado tem grande potencial de realização no presente e projeção do futuro. Dependendo do que foi registrado na nossa memória, temos o sentimento de esperança ou de desesperança. E esses sentimentos podem conduzir o ser humano a patamares elevados ou mesmo mantê-lo estagnado. A questão, portanto, é como vamos usar nosso passado em prol dos nossos objetivos.

PRESENTE

Já o presente é algo quase infinitamente efêmero, é um microssegundo que impiedosamente não cessa de se tornar passado. Diferentemente das memórias do passado e da visão do futuro, temos apenas um único contato com o presente, e esse contato acontece por meio das nossas ações e dos nossos comportamentos. Enquanto o passado e o futuro acontecem dentro de nós, o presente acontece sobretudo fora, no plano físico e sensorial. Temos a capacidade de acessar o passado e o futuro por meio de nossa mente, modificar os registros sobre eles e, assim, alterar o presente.

Quando focamos o passado e trazemos as memórias de dor, podemos aprender com elas. Dessa forma, aprendemos com as lembranças ruins e celebramos as boas. Assim, produzimos esperança no presente e, consequentemente, trazemos comportamentos positivos para nós mesmos e para quem está à nossa volta.

No entanto, se o foco no passado dá ênfase apenas às lembranças negativas e não gera aprendizado, o presente será sem esperança nem confiança. As boas memórias jamais devem ser esquecidas.

Já quando focamos o passado com a intensidade certa, aprendendo com as adversidades e celebrando as vitórias, vivemos um presente cheio de esperança e com a certeza de que somos capazes. Por isso, eu pergunto a você: onde está o seu foco? Nos problemas e nas dores do passado ou nas vitórias?

Da mesma maneira, quando olhamos para o futuro e nos dedicamos intencionalmente a ter uma visão positiva, nós nos enchemos de fé, afinal, temos a certeza de que nosso futuro será bom. Se estamos motivados para acordar, trabalhar e agir, nossas ações são produtivas. Para viver em plenitude o presente, é importante compreender o uso correto do passado e do futuro.

FUTURO

Percebemos que nos conectamos ao futuro por intermédio de imagens mentais, uma sequência de cenas do que queremos que aconteça ou do que

18 FOCO NA PRÁTICA

não queremos que aconteça. A isso chamamos de visão de futuro. E mesmo sendo uma projeção da imaginação, a visão do futuro existente em qualquer pessoa tem enormes poderes sobre ela e o mundo real que a cerca.

Diferentemente da memória, que qualquer animal doméstico ou selvático possui, a visão de futuro é uma condição puramente humana. A visão do que há de vir ou pode vir é a base da consciência humana. É nossa porção divina, é o que chamamos de fé.

Se enveredarmos pela teoria da Física Quântica, entenderemos que a realidade que nos cerca é, na verdade, a criação da própria pessoa que a observa com os olhos da mente. Assim, a visão pode ser positiva ou negativa sobre o futuro. De maneira diferente do passado, que é uma memória, o futuro é uma projeção nítida, consciente ou não, mas sobretudo a imaginação do que pode vir a acontecer.

TABELA DE QUALIFICAÇÃO DA INTELIGÊNCIA FOCO-TEMPORAL		
TEMPO	TIPO DE CONEXÃO	QUALIDADE DE CONEXÃO
Passado	Memórias	Boas ou ruins
Presente	Comportamento/Ação	Produtivos ou improdutivos
Futuro	Visão	Positiva ou negativa

A tabela anterior mostra a qualificação do foco nos três períodos de tempo. Sabemos que a qualidade do foco no passado é determinada pelo tipo de recordação e significado dado a essas lembranças, que podem ser boas ou más. No presente, a qualidade do foco é determinada por ações produtivas ou improdutivas. E no futuro, a qualidade do foco é determinada pelo tipo de visão: positiva e otimista ou pessimista e negativa.

Uma vez que entendemos a importância de ter ações produtivas positivas em nossa vida e sabemos que é possível ser feliz em todas as áreas da vida, vamos falar do que é ter uma rotina de excelência.

FOCO NA ROTINA DE EXCELÊNCIA

"Quer você diga que pode fazer algo ou diga que não pode, você está certo."

(Anthony Robbins)

Rotina é fazer sempre as mesmas coisas, e isso não é bom nem mau. Contudo, quando adicionamos a palavra "excelência" à rotina, estamos falando em agir, fazer as coisas corretas, da melhor maneira possível e na hora certa. Para coaches formados pela *Febracis Coaching Integral Sistêmico*, rotina de excelência significa ter uma vida focada nas coisas importantes. É isso que o fará produzir de cinco a dez vezes mais que a média das pessoas, porém, com mais tranquilidade e tempo para usufruir de todas as áreas da vida.

O que proponho aqui é que utilizemos uma ferramenta do CIS® chamada Agenda da Vida Extraordinária. Como o próprio nome diz, esta não é uma agenda tradicional. Nela, não existem tarefas a serem feitas naquela semana, e sim o seu novo estilo de vida abundante, onde exista tempo de qualidade para todos os pilares: espiritual, parentes, conjugal, filhos, saúde, social, servir ao próximo, intelectual, financeiro, profissional e emocional.

Você decidirá por um conjunto de comportamentos e hábitos que, se forem mantidos, mudarão seus resultados, suas relações e sobretudo a si mesmo. É como um mapa que o conduzirá a resultados realmente extraordinários em pouco tempo. O fundamento da Agenda da Vida Extraordinária é produzir foco no que de fato é importante e não deixar que você se distancie dele ao longo do tempo. E assim produzir ações consistentes que gerem uma rotina de excelência e, com ela, um estilo de vida abundante.

Devemos ter em mente que vida abundante é aquela que contempla ações e comportamentos produtivos em todos os pilares da vida humana. Infelizmente, o que tenho visto em mais de 10 mil horas de sessões de coaching são pessoas que dedicam 80% do seu foco a uma ou duas áreas da vida. E por ter ganhos e conquistas nessas áreas, enganam-se achando que têm uma vida de sucesso ou que são felizes.

Na verdade, elas têm uma vida partida, limitada e em algum momento esse estilo de vida desequilibrado se manifestará negativamente, mesmo nas áreas que estavam positivas. São vários os exemplos. Muitos pais são pais apenas no fim de semana, condenando seus filhos a uma longa e cruel espera para brincar, conversar, abraçar. E esse tempo com os filhos acontecerá apenas aos sábados ou domingos, se tudo der certo. Como ser um pai extraordinário ou uma mãe extraordinária se dedicar apenas tempo de qualidade aos filhos a cada sete dias?

Como educar crianças felizes e vitoriosas se só me conecto verdadeira e profundamente com elas um ou dois dias por semana? Quais serão os resultados dos pais que só se conectam com seus filhos a cada cinco dias? A mesma coisa acontece com os casais que só tem tempo para estar verdadeiramente juntos quando chega o domingo. Eles passam toda a semana longe de corpo ou de alma, com sua atenção e sua intenção focadas em outras coisas. Mais uma vez, vemos uma área importante da vida comprimida e relegada apenas ao fim de semana.

Como também aquela pessoa que vai para a igreja uma vez por semana para expiar a sua culpa e pagar sua promessa e durante a semana não se lembra do amor de Deus, muito menos que Ele continua existindo e cuidando dela. Temos aí um domingueiro, aquela pessoa que esquenta o banco da igreja uma vez por semana e nos outros sete dias está desconectada de sua fé e sua espiritualidade.

Seguindo o raciocínio, temos o atleta, o amigo, o filho de fim de semana que, apenas aos domingos, almoça na casa dos pais e depois passa os próximos seis dias desconectado e afastado da família. Olhando para esse estilo de vida precário, tão difundido principalmente nos grandes centros urbanos, fica claro que uma gigantesca parcela da população mundial concentra e comprime quase todas as áreas da vida em apenas um ou dois dias da semana.

Para essas pessoas, o domingo à noite é um momento de tristeza e ansiedade, afinal terão de esperar até sexta ou sábado para se sentirem alegres novamente. Muito provavelmente durante o sábado e o domingo vão extravasar, passar dos limites em uma busca desenfreada de prazer para compensar os cinco dias nos quais áreas importantes não foram contempladas.

ACESSE O LINK FEBRACIS.COM.BR/FOCOPRATICA,
BAIXE A FERRAMENTA **AGENDA DA VIDA EXTRAORDINÁRIA** E APRENDA
A USÁ-LA PARA CONQUISTAR UMA ROTINA DE EXCELÊNCIA.

AGENDA DA VIDA EXTRAORDINÁRIA

SEGUNDA-FEIRA		TERÇA-FEIRA		QUARTA-FEIRA		QUINTA-FEIRA		SEXTA-FEIRA		SÁBADO		DOMINGO	
7h	Malhar	7h	Corrida	7h	Malhar	7h	Corrida	7h	Malhar	7h	Corrida		
8h	Deixar filhos no colégio	8h	Deixar filhos no colégio	8h	Deixar filhos no colégio	8h	Deixar filhos no colégio	8h	Deixar filhos no colégio	8h			
9h	Trabalho	9h	Trabalho	9h	Trabalho	9h	Trabalho	9h	Trabalho	9h	Visitar instituição de caridade		
12h	Almoço com amigos	12h	Almoço com família	12h	Almoço com esposa	12h	Almoço com família	12h	Almoço esposa e amigos				
13h	Ligar/ família	13h	Ligar/ amigo	13h	Almoço com esposa	13h	Ligar/ amigo	13h	Ligar/ família				
14h	Trabalho	14h	Trabalho	14h	Trabalho	14h	Trabalho	14h	Trabalho				
18h	Atender pessoas carentes	18h	Atender pessoas carentes	18h	Atender pessoas carentes	18h	Atender pessoas carentes	18h	Atender pessoas carentes				
19h	Organizar finanças	19h	Tempo família	19h	Tempo família	19h	Tempo família	19h	Jantar com amigos				
21h	Tempo família	21h	Tempo família	21h	Tempo família	21h	Tempo família	21h	Tempo família				
23h	Ler sobre trabalho e Bíblia	23h	Ler sobre trabalho e Bíblia	23h	Ler sobre trabalho e Bíblia	23h	Ler sobre trabalho e Bíblia	23h	Ler sobre trabalho e Bíblia				

FOCO MÚLTIPLO

Em meus estudos e experiências, tabulei três tipos de foco. O primeiro é o foco que todos já conhecem: manter a atenção em metas e objetivos que de antemão foram estabelecidos. Esse foco chamamos de VISIONÁRIO. É ter uma visão de futuro clara e verdadeiramente visual, a ponto de fechar os olhos e ver as suas metas realizadas.

Ao longo dos anos, porém, percebi que muitas pessoas, mesmo sabendo aonde queriam chegar e o que queriam realizar, não conquistavam suas metas ou demoravam anos para fazê-las acontecer. Por que essas pessoas não conseguem realizar suas metas se elas continuam sabendo exatamente o que querem sem perder a perspectiva do seu alvo? A resposta era que elas não possuíam a força da incandescência. Elas não conseguiam produzir energia suficiente para mobilizar a si mesmas, muito menos para alterar os acontecimentos quânticos ao seu redor. A essa capacidade de produzir energia suficiente através do comportamento, do pensamento e do sentimento direcionados chamo de FOCO COMPORTAMENTAL: a capacidade de colocar atenção racional concentrada e forte energia emocional em seu objetivo. No foco visionário é colocada a intenção, já no foco comportamental é colocada a atenção intelectual e emocional. É por meio do foco comportamental que alcançamos as mudanças e as conquistas.

Para produzir esse tipo de foco, são necessários três canais neurológicos. O primeiro é a **comunicação** em todos os níveis e estilos. Cada vez que falo sobre o meu sonho ou tenho alguma ação ou comportamento na direção do alvo, estou produzindo foco comportamental e energia de realização. Ao me relacionar com pessoas que compartilham dos mesmos objetivos e usamos tempo falando sobre nosso alvo, mais uma vez é produzido foco comportamental através da comunicação.

O segundo canal neurológico para a produção do foco comportamental é o **pensar**. Para dar mais força a isso, cito a passagem bíblica que diz: "Assim como tu pensas, tu és" (Provérbios 23:7). Para abastecer sua mente da carga necessária de pensamentos positivos e produtivos, você precisa ler o máximo possível sobre o assunto, dedicar tempo ouvindo casos de sucesso sobre o seu objetivo, precisa ter à mão livros, revistas, CDs, DVDs e tudo o mais que produza o que chamo de **incandescência focal**, ou seja, poder de realização. Você terá produzido foco comportamental quando dormir e acordar pensando na sua meta.

Se o seu objetivo é resgatar seu relacionamento, quantos livros você leu sobre isso? Quantos filmes você buscou que tratavam disso? Selecione pelo menos três livros, CDs e DVDs que estejam relacionados à sua meta. Se seu objetivo é ser promovido e liderar uma equipe, por exemplo, assista a vídeos que falem sobre liderança, gestão de pessoas, crescimento profissional além de pesquisar literatura da sua área de atuação. O estudo do material selecionado deve ocorrer mais de uma vez, pois é pela repetição que o aprendizado ocorre. Experimente fazer fichamentos do que leu, sublinhe, anote dúvidas e observações, registre as ideias que surgirem, faça resumos, leia mais de uma vez as partes que julgar difíceis.

O terceiro canal para produção do foco comportamental é o **sentimento**. Como já vimos, o comunicar o seu foco visionário e o pensar nele contínua e positivamente vai produzir os sentimentos necessários para desenvolver foco comportamental. Contudo, a maneira mais poderosa de produzir os sentimentos certos e na intensidade correta é fazer repetidos e intensos ensaios mentais. Ou seja, ver-se agindo na direção de seu objetivo e realizando seus sonhos.

A Neurociência aponta que o cérebro não distingue o que é real do que é imaginado. Toda imagem mental, positiva ou não, que é vista repetidamente e/ou sob forte impacto emocional torna-se uma verdade sináptica, ou seja, uma programação mental. Isso quer dizer que os registros neurais produzidos com o **ensaio mental** gerarão mudanças concretas dentro e fora de você. E ensaios mentais geram persistência, algo fundamental para manter o foco.

O terceiro tipo de foco é o **FOCO CONSISTENTE**, que é determinado pela capacidade que o indivíduo possui de manter-se concentrado em sua meta (Foco Visionário), como também de manter-se comunicando, pensando e sentindo sua meta como real (Foco Comportamental) por tempo suficiente pra produzir os resultados que você almeja.

Em outras palavras, o foco consistente pede que o indivíduo não perca a perspectiva de onde quer chegar e mantenha-se ligado cognitiva e emocionalmente ao seu alvo. Pela minha experiência como coach, percebo que é muito clara a inconstância de propósitos e objetivos. Por exemplo: um dia aquela pessoa queria conquistar seu primeiro milhão. Dois meses mais tarde, ela quer se tornar uma triatleta e, na virada do ano, quer casar-se e ser mãe. Não há problema em nenhuma das três metas, a questão é que, em pouco mais de um ano, ela mudou três vezes o seu foco visionário. **Como a mente humana pode produzir mudanças comportamentais se não há consistência no alvo?**

Outro exemplo de inconsistência: o irmão de um cliente havia montado uma oficina mecânica com a ajuda financeira do pai, que o apoiara, pois o filho sempre gostou de carros. Como a empresa não ia bem, ele vendeu a oficina e trocou por uma academia de ginástica. Entretanto, esse negócio também não deu certo e, em menos de um ano, ele já havia trocado a academia por um carro esportivo. **Que tal nos manter focados no mesmo objetivo e na realização dele?** A experiência de coaching tem me mostrado que pessoas imaturas são inconstantes em seus objetivos. Elas são levadas por todo e qualquer tipo de influência. Um dia querem isso, no outro querem aquilo. Um dia estão certas disso, no outro estão completamente confusas. Desse modo, pergunto: por quanto tempo você se mantém certo e seguro do que estabeleceu como objetivo?

Conheci uma jovem senhora que mudava constantemente sua meta conjugal. Na primeira vez em que conversamos, a meta era separar-se do marido. Na segunda vez, ela queria salvar o casamento. Quando a encontrei de novo, estava mais uma vez completamente comprometida a acabar o casamento. Vinte dias depois, em um restaurante, estava com o marido, apaixonada e planejando uma nova lua de mel. Isso é uma confusão de propósitos que a impede de alcançar qualquer objetivo, seja salvar o casamento, seja terminá-lo.

Ter o foco consistente é manter-se focado no seu alvo sem abrir mão dele por nenhuma distração ou tentação. No entanto, já sabemos que manter apenas o foco visionário não é garantia de realização. Precisamos também manter o foco comportamental. Precisamos ainda frequentar ambientes em que as pessoas tenham a mesma meta. Aproxime-se de pessoas que partilhem dos seus objetivos. Se você deseja uma vida saudável, fique próximo de pessoas de hábitos saudáveis.

Quando voltei a correr, por exemplo, passei quase dois anos correndo sem assistência e não percebia melhora no meu desempenho. Decidi então buscar um grupo de corrida. Em apenas dois meses, consegui uma performance muito melhor que a dos anos anteriores e participei da minha primeira Meia Maratona do Rio de Janeiro, em 2014.

A motivação e o conhecimento que encontrei no grupo de corrida foram preponderantes para que eu começasse a correr as meias maratonas. Essa experiência me mostrou que, para tudo na vida, existe técnica. Não basta dar um passo, é preciso dar os passos certos, pois, como costumo dizer, tem poder quem age, e superpoderes quem age certo e na velocidade e direção certa.

Em resumo:

1º) Foco Visionário: saber com clareza quais são suas metas, a ponto de vê--las em sua mente com toda a nitidez.

2º) Foco Comportamental: dedicar tempo e atenção para produzir energia suficiente para gerar mudanças internas e externas. Essa energia é produzida por meio do uso repetido de três canais neurológicos: comunicação, pensamento e sentimento.

3º) Foco Consistente: É a capacidade de manter em mente o foco visionário e o comportamental por tempo suficiente para que sejam produzidas mudanças consistentes e massivas. Pode haver distrações, mas você não é seduzido por elas e continua olhando para a sua meta, não perdendo a perspectiva da visão de futuro e atuando sistematicamente para conquistar o que deseja.

PERSISTÊNCIA: A PRINCIPAL HABILIDADE PARA CHEGAR AO SUCESSO

Você já sabe que ser persistente é caminhar na direção dos seus objetivos, mesmo diante de obstáculos, problemas e adversidades. A maioria das pessoas para diante do primeiro obstáculo, acredita que o oposto de sucesso é o fracasso, mas não é. O contrário de sucesso é desistir. Quando as pessoas não fracassam é porque estão desistindo antes de isso acontecer. Pessoas de alta performance não apenas estabelecem foco, elas se mantêm nele.

Fracassar é necessário para que aprendamos com as adversidades, dessa forma, podemos construir novos paradigmas. Contudo, acredite, **quanto mais sucesso, mais adversidades**. Grandes realizações têm resultados diferentes de pequenas realizações, uma vez que os obstáculos, o estímulo, a determinação e a persistência são sempre maiores.

Muitas pessoas alcançam pequenos objetivos e param ali mesmo com medo de se desafiar e ir além. Tenha certeza de que **a sua persistência é proporcional ao seu sucesso**. E talvez você considere a si mesmo persistente, mas não venha tendo sucesso. Nesse caso, você é insistente, alguém que continua tentando, mas sempre da mesma maneira, querendo ter resultados diferentes, mas adotando as mesmas estratégias.

Já o persistente continua fazendo, mas, diante da dificuldade, aprende e faz diferente e, dessa forma, é capaz de chegar aonde quiser. O persistente aprende, estuda, investiga, conversa e sobretudo faz.

Como ter mais da vida, como gerar mais resultados, como ser mais persistente? O corpo humano funciona porque existem hormônios e neuro-hormônios para tudo. Há uma produção hormonal específica para cada comportamento. A luta, por exemplo, gera adrenalina. Em cada momento de amor, seu cérebro produz ocitocina. Já uma pessoa estressada produz muito cortisol.

O hormônio da persistência é a dopamina e quanto mais for produzido no organismo e na corrente sanguínea, mais persistente você se torna. A Neurociência mostra que somos capazes de influenciar a produção desse hormônio. Uma das maneiras de produzi-lo é fazer um ensaio mental das suas metas, isto é, fechar os olhos e imagine seu objetivo realizado, com toda a clareza de detalhes, durante cinco a sete minutos por dia.

Quando você visualiza seus sonhos com toda a clareza, o seu cérebro não sabe que isso é apenas imaginação e acredita na imagem mental. Dessa maneira, produz dopamina, o hormônio do prazer pela realização. Assim, o cérebro muda o comportamento das pessoas, tornando-as mais focadas e obstinadas para realizar objetivos e assim produzir mais dopamina: o combustível necessário para mais realizações. Dessa maneira, pessoas realizadoras vivem um ciclo positivo.

Experimente visualizar diariamente os seus objetivos acontecendo e perceba como você se torna alguém mais persistente. Quanto mais emoção e mais veracidade para o seu cérebro, mais real se torna o seu objetivo, mais dopamina você produz e mais comprometido e aplicado você ficará na conquista de seu objetivo. Lembre-se de que o grande campo de batalha não está lá fora, mas dentro do cérebro.

Nas próximas páginas, você vai encontrar exercícios que vão guiá-lo na busca dos seus sonhos. Aproveite a jornada, faça dela fluida e diligente. Tenha disciplina e constância nos exercícios, eles farão de você uma pessoa mais grata, feliz e, é claro, muito mais realizadora!

Um grande abraço!
Paulo Vieira

**QUAIS SÃO SEUS MAIORES SONHOS?
NÃO TENHA MEDO DE SONHAR GRANDE!**

**"SONHAR GRANDE E
SONHAR PEQUENO DÁ O
MESMO TRABALHO."**

JORGE PAULO LEMANN

MAPA DE AUTOAVALIAÇÃO SISTÊMICO

1º MÊS
DATA

☐ DIA
☐ MÊS
☐ ANO

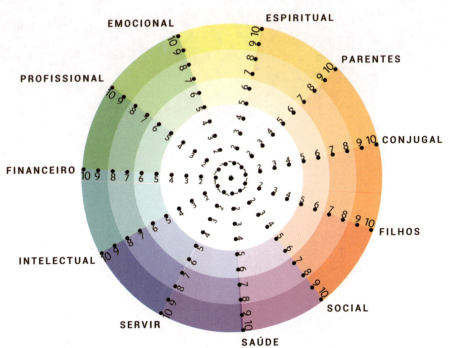

NOTA: 1 A 5
MUITO CRÍTICO

NOTA: 6 OU 7
CRÍTICO

NOTA: 8 OU 9
BOM

NOTA: 10
PLENITUDE

UMA VEZ PREENCHIDO O **MAAS**, QUE FIGURA É FORMADA AO LIGAR OS PONTOS ENTRE OS PILARES? ESSA FIGURA REPRESENTA QUANTO A SUA VIDA ESTÁ FLUINDO. A RODA QUE SIMBOLIZA A SUA VIDA ESTÁ GIRANDO? QUAL APRENDIZADO VOCÊ TEM AO OBSERVAR O SEU MAAS? COM BASE NESSE APRENDIZADO, QUAIS SÃO AS SUAS DECISÕES?

_____
_____
_____
_____

MURAL DA VIDA
EXTRAORDINÁRIA

O PRIMEIRO PASSO PARA A REALIZAÇÃO É SONHAR.
QUAIS SÃO SEUS SONHOS?
LISTE-OS ABAIXO, SEM LIMITAÇÕES.
NÃO SE PREOCUPE SE ALGUM DELES PARECER IMPOSSÍVEL.

1 _____

2 _____

3 _____

4 _____

5 _____

6 _____

7 _____

8 _____

9 _____

10 _____

AGORA QUE VOCÊ ESCREVEU SEUS SONHOS, TRANSFORME-OS EM IMAGENS, MONTANDO SEU **MURAL DA VIDA EXTRAORDINÁRIA**. NELE VOCÊ VAI COLAR OU DESENHAR FIGURAS QUE REPRESENTEM SUA VISÃO EXTRAORDINÁRIA DO FUTURO, NA QUAL SEUS DESEJOS MAIS OUSADOS SE REALIZAM: A CASA DOS SONHOS, A VIAGEM, O CASAMENTO, A FORMATURA, O CORPO IDEAL, A ROTINA SAUDÁVEL, A FAMÍLIA FELIZ ETC.

VEJA O EXEMPLO A SEGUIR:

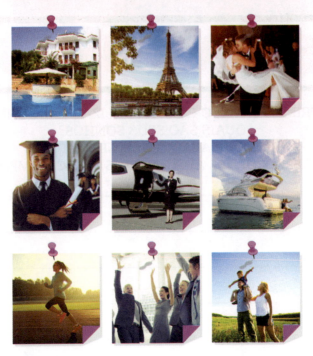

ALGUNS CUIDADOS PARA MONTAR SEU MURAL

1. Contemple todos os pilares, mesmo aqueles que hoje não são prioridade.

2. Dedique tempo para selecionar as imagens. É importante que você se identifique com elas e consiga se visualizar vivenciando as cenas.

3. Estipule datas para a realização de cada sonho.

4. Seja específico com valores. Se você deseja aumentar seu faturamento, use uma imagem em que apareça o valor desejado ou escreva-o perto da imagem.

5. Mantenha o foco no resultado e não no processo. Caso seu sonho seja ser mãe/pai, é preferível uma imagem com uma criança do que uma imagem de uma mulher grávida.

FAÇA SEU MURAL E COLE-O ONDE SEJA FÁCIL VISUALIZÁ-LO. TODOS OS DIAS, OLHE PARA O MURAL E IMAGINE-SE VIVENCIANDO CADA IMAGEM.

O PRÓXIMO PASSO É TRANSFORMAR SUA VISÃO POSITIVA DE FUTURO EM METAS. NA PÁGINA 34, ESCREVA 11 OBJETIVOS DESAFIADORES (UM PARA CADA PILAR) NOS QUAIS VOCÊ DESEJA MANTER O FOCO DURANTE OS PRÓXIMOS DOIS MESES. AO ESTABELECER SUAS METAS, ATENTE PARA OS SEGUINTES CRITÉRIOS:

1. **Estabeleça metas de forma positiva.** Diga o que você quer e não o que você não quer. **Exemplos:**
Errado: ~~Não discutir com meu esposo.~~
Certo: *Ter uma relação harmônica e de companheirismo com meu esposo.*

Errado: ~~Perder a timidez.~~
Certo: *Ser mais confiante e sociável.*

2. **Sua meta precisa ser desafiadora, mas também precisa ser realista.** Metas fáceis demais não motivam, em compensação, metas inatingíveis causam frustração.

3. **Sua meta deve estar no seu controle**, dependendo apenas de você e do seu desempenho.

4. **A meta precisa ser específica e mensurável ao longo do processo.** Determine uma forma de saber se está chegando perto de alcançá-la.

5. **A meta precisa ser ecológica,** ou seja, conquistá-la deve fazer bem a você e às pessoas que você ama. Não adianta, por exemplo, conquistar um novo emprego, com um salário maior, se isso comprometer o seu casamento.

6. **Sua meta deve ter um prazo para se realizar.**

AGORA QUE VOCÊ JÁ SABE COMO ESTABELECER SUAS METAS, LISTE OS OBJETIVOS QUE DESEJA DESENVOLVER AO LONGO DESTE LIVRO

ESPIRITUAL

DATA DE REALIZAÇÃO

PARENTES

DATA DE REALIZAÇÃO

CONJUGAL

DATA DE REALIZAÇÃO

FILHOS

DATA DE REALIZAÇÃO

SOCIAL

DATA DE REALIZAÇÃO

SAÚDE

DATA DE REALIZAÇÃO

SERVIR

DATA DE REALIZAÇÃO

INTELECTUAL

DATA DE REALIZAÇÃO

FINANCEIRO

DATA DE REALIZAÇÃO

PROFISSIONAL

DATA DE REALIZAÇÃO

EMOCIONAL

DATA DE REALIZAÇÃO

34 FOCO NA PRÁTICA

QUANDO ALGUM DOS OBJETIVOS DA PÁGINA 34 SE REALIZAR, ESCREVA UM OBJETIVO NOVO E AINDA MAIS INSTIGANTE NESTA PÁGINA. SE DURANTE O PROCESSO PERCEBER QUE DETERMINADA META NÃO É O QUE REALMENTE QUER, VOCÊ TAMBÉM PODE ESCREVER UM NOVO OBJETIVO AQUI

DATA DE REALIZAÇÃO ☐ ☐ ☐

DATA DE REALIZAÇÃO ☐ ☐ ☐

DATA DE REALIZAÇÃO ☐ ☐ ☐

DATA DE REALIZAÇÃO ☐ ☐ ☐

DATA DE REALIZAÇÃO ☐ ☐ ☐

DATA DE REALIZAÇÃO ☐ ☐ ☐

DATA DE REALIZAÇÃO ☐ ☐ ☐

DATA DE REALIZAÇÃO ☐ ☐ ☐

DATA DE REALIZAÇÃO ☐ ☐ ☐

DATA DE REALIZAÇÃO ☐ ☐ ☐

PAULO VIEIRA

"TUDO O QUE NÃO É ABUNDÂNCIA NA SUA VIDA É DISFUNÇÃO, E TODA DISFUNÇÃO DEVE E MERECE SER TRATADA."

PAULO VIEIRA

DIA 1

DATA ☐ ☐ ☐

COMEÇO DO DIA

1. Qual (ou quais) aprendizados essa frase traz para você?

_____
_____
_____

2. Escolha no Mapa de Autoavaliação Sistêmico (MAAS) para que área da vida você dará mais atenção HOJE. Por que escolheu essa área?

_____

2.1. Qual a coisa mais importante que você fará hoje para desenvolver essa área?

_____
_____

3. Quais são as três tarefas/ações mais importantes que você fará hoje e que darão velocidade/qualidade aos seus objetivos?

HORA	TAREFA/AÇÃO

4. O que você não vai fazer (ou quem vai evitar) hoje para ter um dia mais positivo e produtivo?

1 _____
2 _____

5. Qual ato de generosidade você fará hoje e para quem será?

_____

6. Escreva quatro diferentes motivos de gratidão.

1 _____
2 _____
3 _____
4 _____

FIM DO DIA

MARQUE O EQUIVALENTE AO SEU CONSUMO DE ÁGUA DURANTE O DIA DE HOJE:

○ 2 LITROS   ○ 1 LITRO   ○ 500 ML   ○ NADA

MARQUE O EQUIVALENTE ÀS ATIVIDADES FÍSICAS QUE VOCÊ REALIZOU HOJE:

○ 1 HORA OU MAIS   ○ +/- 40 MIN   ○ +/- 20 MIN   ○ NADA

VOCÊ SE ALIMENTOU NOS HORÁRIOS CERTOS?

○ COMI O DIA INTEIRO, QUASE SEM PARAR.   ○ EU ME ALIMENTEI REGULARMENTE DE TRÊS EM TRÊS HORAS.   ○ PASSEI LONGOS PERÍODOS (+4H) SEM ME ALIMENTAR.

VOCÊ SE ALIMENTOU DE FORMA CORRETA?

○ ALIMENTAÇÃO BALANCEADA   ○ ALIMENTAÇÃO DESBALANCEADA

MARQUE NA ESCALA ABAIXO COMO FOI O SEU DIA HOJE EM TERMOS DE REALIZAÇÃO E PRODUTIVIDADE.

| 10% | 20% | 30% | 40% | 50% | 60% | 70% | 80% | 90% | 100% |

RELACIONE DOIS OU TRÊS GANHOS, CONQUISTAS OU ACONTECIMENTOS POSITIVOS QUE OCORRERAM NO DIA DE HOJE.

1 _____
2 _____
3 _____

> ## "A MAIS GRAVE DAS FALTAS É NÃO TER CONSCIÊNCIA DE NENHUMA FALTA."
>
> ### ALBERT EINSTEIN

DIA 2

DATA ☐ ☐ ☐

COMEÇO DO DIA

1. Qual (ou quais) aprendizados essa frase traz para você?

_____

_____

_____

2. Escolha no Mapa de Autoavaliação Sistêmico (MAAS) para que área da vida você dará mais atenção HOJE. Por que escolheu essa área?

_____

2.1. Qual a coisa mais importante que você fará hoje para desenvolver essa área?

_____

_____

3. Quais são as três tarefas/ações mais importantes que você fará hoje e que darão velocidade/qualidade aos seus objetivos?

HORA	TAREFA/AÇÃO

4. O que você não vai fazer (ou quem vai evitar) hoje para ter um dia mais positivo e produtivo?

1 _____

2 _____

5. Qual ato de generosidade você fará hoje e para quem será?

_____

6. Escreva quatro diferentes motivos de gratidão.

1 _____
2 _____
3 _____
4 _____

FIM DO DIA

MARQUE O EQUIVALENTE AO SEU CONSUMO DE ÁGUA DURANTE O DIA DE HOJE:

○ 2 LITROS   ○ 1 LITRO   ○ 500 ML   ○ NADA

MARQUE O EQUIVALENTE ÀS ATIVIDADES FÍSICAS QUE VOCÊ REALIZOU HOJE:

○ 1 HORA OU MAIS   ○ +/- 40 MIN   ○ +/- 20 MIN   ○ NADA

VOCÊ SE ALIMENTOU NOS HORÁRIOS CERTOS?

○ COMI O DIA INTEIRO, QUASE SEM PARAR.   ○ EU ME ALIMENTEI REGULARMENTE DE TRÊS EM TRÊS HORAS.   ○ PASSEI LONGOS PERÍODOS (+4H) SEM ME ALIMENTAR.

VOCÊ SE ALIMENTOU DE FORMA CORRETA?

○ ALIMENTAÇÃO BALANCEADA   ○ ALIMENTAÇÃO DESBALANCEADA

MARQUE NA ESCALA ABAIXO COMO FOI O SEU DIA HOJE EM TERMOS DE REALIZAÇÃO E PRODUTIVIDADE.

| 10% | 20% | 30% | 40% | 50% | 60% | 70% | 80% | 90% | 100% |

RELACIONE DOIS OU TRÊS GANHOS, CONQUISTAS OU ACONTECIMENTOS POSITIVOS QUE OCORRERAM NO DIA DE HOJE.

1 _____
2 _____
3 _____

> ## "NÃO DEIXE QUE SEUS MEDOS TOMEM O LUGAR DOS SEUS SONHOS."
> **WALT DISNEY**

DIA 3

DATA ☐ ☐ ☐

COMEÇO DO DIA

1. Qual (ou quais) aprendizados essa frase traz para você?

_____
_____
_____

2. Escolha no Mapa de Autoavaliação Sistêmico (MAAS) para que área da vida você dará mais atenção HOJE. Por que escolheu essa área?

_____

2.1. Qual a coisa mais importante que você fará hoje para desenvolver essa área?

_____
_____

3. Quais são as três tarefas/ações mais importantes que você fará hoje e que darão velocidade/qualidade aos seus objetivos?

HORA	TAREFA/AÇÃO

4. O que você não vai fazer (ou quem vai evitar) hoje para ter um dia mais positivo e produtivo?

1 _____
2 _____

40 FOCO NA PRÁTICA

5. Qual ato de generosidade você fará hoje e para quem será?

_____

6. Escreva quatro diferentes motivos de gratidão.

1 _____
2 _____
3 _____
4 _____

FIM DO DIA

MARQUE O EQUIVALENTE AO SEU CONSUMO DE ÁGUA DURANTE O DIA DE HOJE:

○ 2 LITROS   ○ 1 LITRO   ○ 500 ML   ○ NADA

MARQUE O EQUIVALENTE ÀS ATIVIDADES FÍSICAS QUE VOCÊ REALIZOU HOJE:

○ 1 HORA OU MAIS   ○ +/- 40 MIN   ○ +/- 20 MIN   ○ NADA

VOCÊ SE ALIMENTOU NOS HORÁRIOS CERTOS?

○ COMI O DIA INTEIRO, QUASE SEM PARAR.   ○ EU ME ALIMENTEI REGULARMENTE DE TRÊS EM TRÊS HORAS.   ○ PASSEI LONGOS PERÍODOS (+4H) SEM ME ALIMENTAR.

VOCÊ SE ALIMENTOU DE FORMA CORRETA?

○ ALIMENTAÇÃO BALANCEADA   ○ ALIMENTAÇÃO DESBALANCEADA

MARQUE NA ESCALA ABAIXO COMO FOI O SEU DIA HOJE EM TERMOS DE REALIZAÇÃO E PRODUTIVIDADE.

| 10% | 20% | 30% | 40% | 50% | 60% | 70% | 80% | 90% | 100% |

RELACIONE DOIS OU TRÊS GANHOS, CONQUISTAS OU ACONTECIMENTOS POSITIVOS QUE OCORRERAM NO DIA DE HOJE.

1 _____
2 _____
3 _____

"LIBERTEI MIL ESCRAVOS. PODERIA TER LIBERTADO OUTROS MIL SE ELES SOUBESSEM QUE ERAM ESCRAVOS."

HARRIET TUBMAN

DIA 4

DATA ☐ ☐ ☐

COMEÇO DO DIA

1. Qual (ou quais) aprendizados essa frase traz para você?

_____

_____

_____

2. Escolha no Mapa de Autoavaliação Sistêmico (MAAS) para que área da vida você dará mais atenção HOJE. Por que escolheu essa área?

_____

2.1. Qual a coisa mais importante que você fará hoje para desenvolver essa área?

_____

_____

3. Quais são as três tarefas/ações mais importantes que você fará hoje e que darão velocidade/qualidade aos seus objetivos?

HORA	TAREFA/AÇÃO

4. O que você não vai fazer (ou quem vai evitar) hoje para ter um dia mais positivo e produtivo?

1 _____

2 _____

42 FOCO NA PRÁTICA

5. Qual ato de generosidade você fará hoje e para quem será?

_____

6. Escreva quatro diferentes motivos de gratidão.

1 _____
2 _____
3 _____
4 _____

FIM DO DIA

MARQUE O EQUIVALENTE AO SEU CONSUMO DE ÁGUA DURANTE O DIA DE HOJE:

O 2 LITROS   O 1 LITRO   O 500 ML   O NADA

MARQUE O EQUIVALENTE ÀS ATIVIDADES FÍSICAS QUE VOCÊ REALIZOU HOJE:

O 1 HORA OU MAIS   O +/- 40 MIN   O +/- 20 MIN   O NADA

VOCÊ SE ALIMENTOU NOS HORÁRIOS CERTOS?

O COMI O DIA INTEIRO, QUASE SEM PARAR.   O EU ME ALIMENTEI REGULARMENTE DE TRÊS EM TRÊS HORAS.   O PASSEI LONGOS PERÍODOS (+4H) SEM ME ALIMENTAR.

VOCÊ SE ALIMENTOU DE FORMA CORRETA?

O ALIMENTAÇÃO BALANCEADA   O ALIMENTAÇÃO DESBALANCEADA

MARQUE NA ESCALA ABAIXO COMO FOI O SEU DIA HOJE EM TERMOS DE REALIZAÇÃO E PRODUTIVIDADE.

| 10% | 20% | 30% | 40% | 50% | 60% | 70% | 80% | 90% | 100% |

RELACIONE DOIS OU TRÊS GANHOS, CONQUISTAS OU ACONTECIMENTOS POSITIVOS QUE OCORRERAM NO DIA DE HOJE.

1 _____
2 _____
3 _____

> **"ACORDE PARA VIVER O MELHOR DA SUA VIDA HOJE, ACORDE PARA SER FELIZ AGORA, ACORDE PARA REALIZAR AS SUAS METAS MAIS IMPORTANTES E AS MENOS IMPORTANTES TAMBÉM – AFINAL, ELAS SÃO SUAS."**
>
> **PAULO VIEIRA**

DIA 5

DATA ☐ ☐ ☐

COMEÇO DO DIA

1. Qual (ou quais) aprendizados essa frase traz para você?

_____

_____

_____

2. Escolha no Mapa de Autoavaliação Sistêmico (MAAS) para que área da vida você dará mais atenção HOJE. Por que escolheu essa área?

_____

2.1. Qual a coisa mais importante que você fará hoje para desenvolver essa área?

_____

_____

3. Quais são as três tarefas/ações mais importantes que você fará hoje e que darão velocidade/qualidade aos seus objetivos?

HORA	TAREFA/AÇÃO

4. O que você não vai fazer (ou quem vai evitar) hoje para ter um dia mais positivo e produtivo?

1 _____

2 _____

5. Qual ato de generosidade você fará hoje e para quem será?

_____

6. Escreva quatro diferentes motivos de gratidão.

1 _____
2 _____
3 _____
4 _____

FIM DO DIA

MARQUE O EQUIVALENTE AO SEU CONSUMO DE ÁGUA DURANTE O DIA DE HOJE:

○ 2 LITROS   ○ 1 LITRO   ○ 500 ML   ○ NADA

MARQUE O EQUIVALENTE ÀS ATIVIDADES FÍSICAS QUE VOCÊ REALIZOU HOJE:

○ 1 HORA OU MAIS   ○ +/- 40 MIN   ○ +/- 20 MIN   ○ NADA

VOCÊ SE ALIMENTOU NOS HORÁRIOS CERTOS?

○ COMI O DIA INTEIRO, QUASE SEM PARAR.   ○ EU ME ALIMENTEI REGULARMENTE DE TRÊS EM TRÊS HORAS.   ○ PASSEI LONGOS PERÍODOS (+4H) SEM ME ALIMENTAR.

VOCÊ SE ALIMENTOU DE FORMA CORRETA?

○ ALIMENTAÇÃO BALANCEADA   ○ ALIMENTAÇÃO DESBALANCEADA

MARQUE NA ESCALA ABAIXO COMO FOI O SEU DIA HOJE EM TERMOS DE REALIZAÇÃO E PRODUTIVIDADE.

| 10% | 20% | 30% | 40% | 50% | 60% | 70% | 80% | 90% | 100% |

RELACIONE DOIS OU TRÊS GANHOS, CONQUISTAS OU ACONTECIMENTOS POSITIVOS QUE OCORRERAM NO DIA DE HOJE.

1 _____
2 _____
3 _____

"O FUTURO PERTENCE ÀQUELES QUE ACREDITAM NA BELEZA DOS SEUS SONHOS."

ELEANOR ROOSEVELT

DIA 6

DATA ☐ ☐ ☐

COMEÇO DO DIA

1. Qual (ou quais) aprendizados essa frase traz para você?

_____

_____

_____

2. Escolha no Mapa de Autoavaliação Sistêmico (MAAS) para que área da vida você dará mais atenção HOJE. Por que escolheu essa área?

_____

2.1. Qual a coisa mais importante que você fará hoje para desenvolver essa área?

_____

_____

3. Quais são as três tarefas/ações mais importantes que você fará hoje e que darão velocidade/qualidade aos seus objetivos?

HORA	TAREFA/AÇÃO

4. O que você não vai fazer (ou quem vai evitar) hoje para ter um dia mais positivo e produtivo?

1 _____

2 _____

46 FOCO NA PRÁTICA

5. Qual ato de generosidade você fará hoje e para quem será?

_____

6. Escreva quatro diferentes motivos de gratidão.

1 _____
2 _____
3 _____
4 _____

FIM DO DIA

MARQUE O EQUIVALENTE AO SEU CONSUMO DE ÁGUA DURANTE O DIA DE HOJE:

O 2 LITROS   O 1 LITRO   O 500 ML   O NADA

MARQUE O EQUIVALENTE ÀS ATIVIDADES FÍSICAS QUE VOCÊ REALIZOU HOJE:

O 1 HORA OU MAIS   O +/- 40 MIN   O +/- 20 MIN   O NADA

VOCÊ SE ALIMENTOU NOS HORÁRIOS CERTOS?

O COMI O DIA INTEIRO, QUASE SEM PARAR.   O EU ME ALIMENTEI REGULARMENTE DE TRÊS EM TRÊS HORAS.   O PASSEI LONGOS PERÍODOS (+4H) SEM ME ALIMENTAR.

VOCÊ SE ALIMENTOU DE FORMA CORRETA?

O ALIMENTAÇÃO BALANCEADA   O ALIMENTAÇÃO DESBALANCEADA

MARQUE NA ESCALA ABAIXO COMO FOI O SEU DIA HOJE EM TERMOS DE REALIZAÇÃO E PRODUTIVIDADE.

| 10% | 20% | 30% | 40% | 50% | 60% | 70% | 80% | 90% | 100% |

RELACIONE DOIS OU TRÊS GANHOS, CONQUISTAS OU ACONTECIMENTOS POSITIVOS QUE OCORRERAM NO DIA DE HOJE.

1 _____
2 _____
3 _____

> ## "QUEM NÃO SABE O QUE BUSCA NÃO IDENTIFICA O QUE ACHA."
>
> ### IMMANUEL KANT

DIA 7

DATA ☐ ☐ ☐

COMEÇO DO DIA

1. Qual (ou quais) aprendizados essa frase traz para você?

_____

_____

_____

2. Escolha no Mapa de Autoavaliação Sistêmico (MAAS) para que área da vida você dará mais atenção HOJE. Por que escolheu essa área?

_____

2.1. Qual a coisa mais importante que você fará hoje para desenvolver essa área?

_____

_____

3. Quais são as três tarefas/ações mais importantes que você fará hoje e que darão velocidade/qualidade aos seus objetivos?

HORA	TAREFA/AÇÃO

4. O que você não vai fazer (ou quem vai evitar) hoje para ter um dia mais positivo e produtivo?

1 _____

2 _____

48 FOCO NA PRÁTICA

5. Qual ato de generosidade você fará hoje e para quem será?

_____

6. Escreva quatro diferentes motivos de gratidão.

1 _____
2 _____
3 _____
4 _____

FIM DO DIA

MARQUE O EQUIVALENTE AO SEU CONSUMO DE ÁGUA DURANTE O DIA DE HOJE:

○ 2 LITROS   ○ 1 LITRO   ○ 500 ML   ○ NADA

MARQUE O EQUIVALENTE ÀS ATIVIDADES FÍSICAS QUE VOCÊ REALIZOU HOJE:

○ 1 HORA OU MAIS   ○ +/- 40 MIN   ○ +/- 20 MIN   ○ NADA

VOCÊ SE ALIMENTOU NOS HORÁRIOS CERTOS?

○ COMI O DIA INTEIRO, QUASE SEM PARAR.   ○ EU ME ALIMENTEI REGULARMENTE DE TRÊS EM TRÊS HORAS.   ○ PASSEI LONGOS PERÍODOS (+4H) SEM ME ALIMENTAR.

VOCÊ SE ALIMENTOU DE FORMA CORRETA?

○ ALIMENTAÇÃO BALANCEADA   ○ ALIMENTAÇÃO DESBALANCEADA

MARQUE NA ESCALA ABAIXO COMO FOI O SEU DIA HOJE EM TERMOS DE REALIZAÇÃO E PRODUTIVIDADE.

| 10% | 20% | 30% | 40% | 50% | 60% | 70% | 80% | 90% | 100% |

RELACIONE DOIS OU TRÊS GANHOS, CONQUISTAS OU ACONTECIMENTOS POSITIVOS QUE OCORRERAM NO DIA DE HOJE.

1 _____
2 _____
3 _____

> **"TUDO O QUE UM SONHO PRECISA PARA SER REALIZADO É DE ALGUÉM QUE ACREDITE QUE ELE PODE SER REALIZADO."**
>
> ROBERTO SHINYASHIKI

DIA 8

DATA ☐ ☐ ☐

COMEÇO DO DIA

1. Qual (ou quais) aprendizados essa frase traz para você?

_____
_____
_____

2. Escolha no Mapa de Autoavaliação Sistêmico (MAAS) para que área da vida você dará mais atenção HOJE. Por que escolheu essa área?

_____

2.1. Qual a coisa mais importante que você fará hoje para desenvolver essa área?

_____
_____

3. Quais são as três tarefas/ações mais importantes que você fará hoje e que darão velocidade/qualidade aos seus objetivos?

HORA	TAREFA/AÇÃO

4. O que você não vai fazer (ou quem vai evitar) hoje para ter um dia mais positivo e produtivo?

1 _____
2 _____

5. Qual ato de generosidade você fará hoje e para quem será?

_____

6. Escreva quatro diferentes motivos de gratidão.

1 _____
2 _____
3 _____
4 _____

FIM DO DIA

MARQUE O EQUIVALENTE AO SEU CONSUMO DE ÁGUA DURANTE O DIA DE HOJE:

O 2 LITROS   O 1 LITRO   O 500 ML   O NADA

MARQUE O EQUIVALENTE ÀS ATIVIDADES FÍSICAS QUE VOCÊ REALIZOU HOJE:

O 1 HORA OU MAIS   O +/- 40 MIN   O +/- 20 MIN   O NADA

VOCÊ SE ALIMENTOU NOS HORÁRIOS CERTOS?

O COMI O DIA INTEIRO, QUASE SEM PARAR.   O EU ME ALIMENTEI REGULARMENTE DE TRÊS EM TRÊS HORAS.   O PASSEI LONGOS PERÍODOS (+4H) SEM ME ALIMENTAR.

VOCÊ SE ALIMENTOU DE FORMA CORRETA?

O ALIMENTAÇÃO BALANCEADA   O ALIMENTAÇÃO DESBALANCEADA

MARQUE NA ESCALA ABAIXO COMO FOI O SEU DIA HOJE EM TERMOS DE REALIZAÇÃO E PRODUTIVIDADE.

10%	20%	30%	40%	50%	60%	70%	80%	90%	100%

RELACIONE DOIS OU TRÊS GANHOS, CONQUISTAS OU ACONTECIMENTOS POSITIVOS QUE OCORRERAM NO DIA DE HOJE.

1 _____
2 _____
3 _____

"ZONA DE CONFORTO É A COMBINAÇÃO DE VÁRIAS MENTIRAS PARALISANTES COM PRAZO DE VALIDADE VENCIDO."

PAULO VIEIRA

DIA 9

DATA ☐ ☐ ☐

COMEÇO DO DIA

1. Qual (ou quais) aprendizados essa frase traz para você?

_____

_____

_____

2. Escolha no Mapa de Autoavaliação Sistêmico (MAAS) para que área da vida você dará mais atenção HOJE. Por que escolheu essa área?

_____

2.1. Qual a coisa mais importante que você fará hoje para desenvolver essa área?

_____

_____

3. Quais são as três tarefas/ações mais importantes que você fará hoje e que darão velocidade/qualidade aos seus objetivos?

HORA	TAREFA/AÇÃO

4. O que você não vai fazer (ou quem vai evitar) hoje para ter um dia mais positivo e produtivo?

1 _____

2 _____

5. Qual ato de generosidade você fará hoje e para quem será?

_____

6. Escreva quatro diferentes motivos de gratidão.

1 _____
2 _____
3 _____
4 _____

FIM DO DIA

MARQUE O EQUIVALENTE AO SEU CONSUMO DE ÁGUA DURANTE O DIA DE HOJE:

○ 2 LITROS   ○ 1 LITRO   ○ 500 ML   ○ NADA

MARQUE O EQUIVALENTE ÀS ATIVIDADES FÍSICAS QUE VOCÊ REALIZOU HOJE:

○ 1 HORA OU MAIS   ○ +/- 40 MIN   ○ +/- 20 MIN   ○ NADA

VOCÊ SE ALIMENTOU NOS HORÁRIOS CERTOS?

○ COMI O DIA INTEIRO, QUASE SEM PARAR.   ○ EU ME ALIMENTEI REGULARMENTE DE TRÊS EM TRÊS HORAS.   ○ PASSEI LONGOS PERÍODOS (+4H) SEM ME ALIMENTAR.

VOCÊ SE ALIMENTOU DE FORMA CORRETA?

○ ALIMENTAÇÃO BALANCEADA   ○ ALIMENTAÇÃO DESBALANCEADA

MARQUE NA ESCALA ABAIXO COMO FOI O SEU DIA HOJE EM TERMOS DE REALIZAÇÃO E PRODUTIVIDADE.

10%	20%	30%	40%	50%	60%	70%	80%	90%	100%

RELACIONE DOIS OU TRÊS GANHOS, CONQUISTAS OU ACONTECIMENTOS POSITIVOS QUE OCORRERAM NO DIA DE HOJE.

1 _____
2 _____
3 _____

> **"ASSIM QUE VOCÊ CONTROLAR O SEU TEMPO, COMPREENDERÁ QUÃO VERDADEIRO É O FATO DE QUE MUITAS PESSOAS SUPERESTIMAM O QUE ELAS PODEM REALIZAR EM UM ANO – E SUBESTIMAM O QUE ELAS PODEM CONQUISTAR EM UMA DÉCADA!"**
>
> ANTHONY ROBBINS

DIA 10

DATA □ □ □

COMEÇO DO DIA

1. Qual (ou quais) aprendizados essa frase traz para você?

_____

_____

_____

2. Escolha no Mapa de Autoavaliação Sistêmico (MAAS) para que área da vida você dará mais atenção HOJE. Por que escolheu essa área?

_____

2.1. Qual a coisa mais importante que você fará hoje para desenvolver essa área?

_____

_____

3. Quais são as três tarefas/ações mais importantes que você fará hoje e que darão velocidade/qualidade aos seus objetivos?

HORA	TAREFA/AÇÃO

4. O que você não vai fazer (ou quem vai evitar) hoje para ter um dia mais positivo e produtivo?

1 _____

2 _____

5. Qual ato de generosidade você fará hoje e para quem será?

_____

6. Escreva quatro diferentes motivos de gratidão.

1 _____
2 _____
3 _____
4 _____

FIM DO DIA

MARQUE O EQUIVALENTE AO SEU CONSUMO DE ÁGUA DURANTE O DIA DE HOJE:

O 2 LITROS   O 1 LITRO   O 500 ML   O NADA

MARQUE O EQUIVALENTE ÀS ATIVIDADES FÍSICAS QUE VOCÊ REALIZOU HOJE:

O 1 HORA OU MAIS   O +/- 40 MIN   O +/- 20 MIN   O NADA

VOCÊ SE ALIMENTOU NOS HORÁRIOS CERTOS?

O COMI O DIA INTEIRO, QUASE SEM PARAR.   O EU ME ALIMENTEI REGULARMENTE DE TRÊS EM TRÊS HORAS.   O PASSEI LONGOS PERÍODOS (+4H) SEM ME ALIMENTAR.

VOCÊ SE ALIMENTOU DE FORMA CORRETA?

O ALIMENTAÇÃO BALANCEADA   O ALIMENTAÇÃO DESBALANCEADA

MARQUE NA ESCALA ABAIXO COMO FOI O SEU DIA HOJE EM TERMOS DE REALIZAÇÃO E PRODUTIVIDADE.

| 10% | 20% | 30% | 40% | 50% | 60% | 70% | 80% | 90% | 100% |

RELACIONE DOIS OU TRÊS GANHOS, CONQUISTAS OU ACONTECIMENTOS POSITIVOS QUE OCORRERAM NO DIA DE HOJE.

1 _____
2 _____
3 _____

> **"SÓ EXISTEM DOIS DIAS NO ANO EM QUE NADA PODE SER FEITO. UM SE CHAMA ONTEM E O OUTRO SE CHAMA AMANHÃ, PORTANTO HOJE É O DIA CERTO PARA AMAR, ACREDITAR, FAZER E, PRINCIPALMENTE, VIVER."**
>
> **DALAI LAMA**

DIA 11

DATA ☐ ☐ ☐

COMEÇO DO DIA

1. Qual (ou quais) aprendizados essa frase traz para você?

_____

_____

_____

2. Escolha no Mapa de Autoavaliação Sistêmico (MAAS) para que área da vida você dará mais atenção HOJE. Por que escolheu essa área?

_____

2.1. Qual a coisa mais importante que você fará hoje para desenvolver essa área?

_____

_____

3. Quais são as três tarefas/ações mais importantes que você fará hoje e que darão velocidade/qualidade aos seus objetivos?

HORA	TAREFA/AÇÃO

4. O que você não vai fazer (ou quem vai evitar) hoje para ter um dia mais positivo e produtivo?

1 _____

2 _____

56 FOCO NA PRÁTICA

5. Qual ato de generosidade você fará hoje e para quem será?

_____

6. Escreva quatro diferentes motivos de gratidão.

1 _____
2 _____
3 _____
4 _____

FIM DO DIA

MARQUE O EQUIVALENTE AO SEU CONSUMO DE ÁGUA DURANTE O DIA DE HOJE:

○ 2 LITROS   ○ 1 LITRO   ○ 500 ML   ○ NADA

MARQUE O EQUIVALENTE ÀS ATIVIDADES FÍSICAS QUE VOCÊ REALIZOU HOJE:

○ 1 HORA OU MAIS   ○ +/- 40 MIN   ○ +/- 20 MIN   ○ NADA

VOCÊ SE ALIMENTOU NOS HORÁRIOS CERTOS?

○ COMI O DIA INTEIRO, QUASE SEM PARAR.   ○ EU ME ALIMENTEI REGULARMENTE DE TRÊS EM TRÊS HORAS.   ○ PASSEI LONGOS PERÍODOS (+4H) SEM ME ALIMENTAR.

VOCÊ SE ALIMENTOU DE FORMA CORRETA?

○ ALIMENTAÇÃO BALANCEADA   ○ ALIMENTAÇÃO DESBALANCEADA

MARQUE NA ESCALA ABAIXO COMO FOI O SEU DIA HOJE EM TERMOS DE REALIZAÇÃO E PRODUTIVIDADE.

| 10% | 20% | 30% | 40% | 50% | 60% | 70% | 80% | 90% | 100% |

RELACIONE DOIS OU TRÊS GANHOS, CONQUISTAS OU ACONTECIMENTOS POSITIVOS QUE OCORRERAM NO DIA DE HOJE.

1 _____
2 _____
3 _____

> ## "A VIDA COMEÇA QUANDO A ZONA DE CONFORTO ACABA."
> ### NEALE DONALD WALSCH

DIA 12

DATA ☐ ☐ ☐

COMEÇO DO DIA

1. Qual (ou quais) aprendizados essa frase traz para você?

_____

_____

_____

2. Escolha no Mapa de Autoavaliação Sistêmico (MAAS) para que área da vida você dará mais atenção HOJE. Por que escolheu essa área?

_____

2.1. Qual a coisa mais importante que você fará hoje para desenvolver essa área?

_____

_____

3. Quais são as três tarefas/ações mais importantes que você fará hoje e que darão velocidade/qualidade aos seus objetivos?

HORA	TAREFA/AÇÃO

4. O que você não vai fazer (ou quem vai evitar) hoje para ter um dia mais positivo e produtivo?

1 _____

2 _____

58 FOCO NA PRÁTICA

5. Qual ato de generosidade você fará hoje e para quem será?

_____

6. Escreva quatro diferentes motivos de gratidão.

1 _____
2 _____
3 _____
4 _____

FIM DO DIA

MARQUE O EQUIVALENTE AO SEU CONSUMO DE ÁGUA DURANTE O DIA DE HOJE:

○ 2 LITROS   ○ 1 LITRO   ○ 500 ML   ○ NADA

MARQUE O EQUIVALENTE ÀS ATIVIDADES FÍSICAS QUE VOCÊ REALIZOU HOJE:

○ 1 HORA OU MAIS   ○ +/- 40 MIN   ○ +/- 20 MIN   ○ NADA

VOCÊ SE ALIMENTOU NOS HORÁRIOS CERTOS?

○ COMI O DIA INTEIRO, QUASE SEM PARAR.   ○ EU ME ALIMENTEI REGULARMENTE DE TRÊS EM TRÊS HORAS.   ○ PASSEI LONGOS PERÍODOS (+4H) SEM ME ALIMENTAR.

VOCÊ SE ALIMENTOU DE FORMA CORRETA?

○ ALIMENTAÇÃO BALANCEADA   ○ ALIMENTAÇÃO DESBALANCEADA

MARQUE NA ESCALA ABAIXO COMO FOI O SEU DIA HOJE EM TERMOS DE REALIZAÇÃO E PRODUTIVIDADE.

| 10% | 20% | 30% | 40% | 50% | 60% | 70% | 80% | 90% | 100% |

RELACIONE DOIS OU TRÊS GANHOS, CONQUISTAS OU ACONTECIMENTOS POSITIVOS QUE OCORRERAM NO DIA DE HOJE.

1 _____
2 _____
3 _____

> ## "SE VOCÊ PODE SONHAR,
> ## VOCÊ PODE FAZER."
>
> **WALT DISNEY**

DIA 13

DATA ☐ ☐ ☐

COMEÇO DO DIA

1. Qual (ou quais) aprendizados essa frase traz para você?

_____
_____
_____

2. Escolha no Mapa de Autoavaliação Sistêmico (MAAS) para que área da vida você dará mais atenção HOJE. Por que escolheu essa área?

_____

2.1. Qual a coisa mais importante que você fará hoje para desenvolver essa área?

_____
_____

3. Quais são as três tarefas/ações mais importantes que você fará hoje e que darão velocidade/qualidade aos seus objetivos?

HORA	TAREFA/AÇÃO

4. O que você não vai fazer (ou quem vai evitar) hoje para ter um dia mais positivo e produtivo?

1 _____
2 _____

5. Qual ato de generosidade você fará hoje e para quem será?

_____

6. Escreva quatro diferentes motivos de gratidão.

1 _____
2 _____
3 _____
4 _____

FIM DO DIA

MARQUE O EQUIVALENTE AO SEU CONSUMO DE ÁGUA DURANTE O DIA DE HOJE:

○ 2 LITROS   ○ 1 LITRO   ○ 500 ML   ○ NADA

MARQUE O EQUIVALENTE ÀS ATIVIDADES FÍSICAS QUE VOCÊ REALIZOU HOJE:

○ 1 HORA OU MAIS   ○ +/- 40 MIN   ○ +/- 20 MIN   ○ NADA

VOCÊ SE ALIMENTOU NOS HORÁRIOS CERTOS?

○ COMI O DIA INTEIRO, QUASE SEM PARAR.   ○ EU ME ALIMENTEI REGULARMENTE DE TRÊS EM TRÊS HORAS.   ○ PASSEI LONGOS PERÍODOS (+4H) SEM ME ALIMENTAR.

VOCÊ SE ALIMENTOU DE FORMA CORRETA?

○ ALIMENTAÇÃO BALANCEADA   ○ ALIMENTAÇÃO DESBALANCEADA

MARQUE NA ESCALA ABAIXO COMO FOI O SEU DIA HOJE EM TERMOS DE REALIZAÇÃO E PRODUTIVIDADE.

| 10% | 20% | 30% | 40% | 50% | 60% | 70% | 80% | 90% | 100% |

RELACIONE DOIS OU TRÊS GANHOS, CONQUISTAS OU ACONTECIMENTOS POSITIVOS QUE OCORRERAM NO DIA DE HOJE.

1 _____
2 _____
3 _____

> **"SE VOCÊ QUER ATINGIR UMA META, VOCÊ DEVE PRIMEIRO SE IMAGINAR ALCANÇANDO-A, ANTES DE REALMENTE ALCANÇÁ-LA."**
>
> ZIG ZIGLAR

DIA 14

DATA ☐ ☐ ☐

COMEÇO DO DIA

1. Qual (ou quais) aprendizados essa frase traz para você?

_____
_____
_____

2. Escolha no Mapa de Autoavaliação Sistêmico (MAAS) para que área da vida você dará mais atenção HOJE. Por que escolheu essa área?

_____

2.1. Qual a coisa mais importante que você fará hoje para desenvolver essa área?

_____
_____

3. Quais são as três tarefas/ações mais importantes que você fará hoje e que darão velocidade/qualidade aos seus objetivos?

HORA	TAREFA/AÇÃO

4. O que você não vai fazer (ou quem vai evitar) hoje para ter um dia mais positivo e produtivo?

1 _____
2 _____

5. Qual ato de generosidade você fará hoje e para quem será?

_____

6. Escreva quatro diferentes motivos de gratidão.

1 _____
2 _____
3 _____
4 _____

FIM DO DIA

MARQUE O EQUIVALENTE AO SEU CONSUMO DE ÁGUA DURANTE O DIA DE HOJE:

O 2 LITROS   O 1 LITRO   O 500 ML   O NADA

MARQUE O EQUIVALENTE ÀS ATIVIDADES FÍSICAS QUE VOCÊ REALIZOU HOJE:

O 1 HORA OU MAIS   O +/- 40 MIN   O +/- 20 MIN   O NADA

VOCÊ SE ALIMENTOU NOS HORÁRIOS CERTOS?

O COMI O DIA INTEIRO, QUASE SEM PARAR.   O EU ME ALIMENTEI REGULARMENTE DE TRÊS EM TRÊS HORAS.   O PASSEI LONGOS PERÍODOS (+4H) SEM ME ALIMENTAR.

VOCÊ SE ALIMENTOU DE FORMA CORRETA?

O ALIMENTAÇÃO BALANCEADA   O ALIMENTAÇÃO DESBALANCEADA

MARQUE NA ESCALA ABAIXO COMO FOI O SEU DIA HOJE EM TERMOS DE REALIZAÇÃO E PRODUTIVIDADE.

| 10% | 20% | 30% | 40% | 50% | 60% | 70% | 80% | 90% | 100% |

RELACIONE DOIS OU TRÊS GANHOS, CONQUISTAS OU ACONTECIMENTOS POSITIVOS QUE OCORRERAM NO DIA DE HOJE.

1 _____
2 _____
3 _____

> **"PESSOAS BEM-SUCEDIDAS ALCANÇARAM O ÊXITO PORQUE FORMARAM NA MENTE UMA IMAGEM CLARA DE QUAIS DEVIAM SER SEUS RESULTADOS FINAIS."**
>
> ROBERT ANTHONY

DIA 15

DATA ☐ ☐ ☐

COMEÇO DO DIA

1. Qual (ou quais) aprendizados essa frase traz para você?

_____

_____

_____

2. Escolha no Mapa de Autoavaliação Sistêmico (MAAS) para que área da vida você dará mais atenção HOJE. Por que escolheu essa área?

_____

2.1. Qual a coisa mais importante que você fará hoje para desenvolver essa área?

_____

_____

3. Quais são as três tarefas/ações mais importantes que você fará hoje e que darão velocidade/qualidade aos seus objetivos?

HORA	TAREFA/AÇÃO

4. O que você não vai fazer (ou quem vai evitar) hoje para ter um dia mais positivo e produtivo?

1 _____

2 _____

5. Qual ato de generosidade você fará hoje e para quem será?

_____

6. Escreva quatro diferentes motivos de gratidão.

1 _____
2 _____
3 _____
4 _____

FIM DO DIA

MARQUE O EQUIVALENTE AO SEU CONSUMO DE ÁGUA DURANTE O DIA DE HOJE:

○ 2 LITROS   ○ 1 LITRO   ○ 500 ML   ○ NADA

MARQUE O EQUIVALENTE ÀS ATIVIDADES FÍSICAS QUE VOCÊ REALIZOU HOJE:

○ 1 HORA OU MAIS   ○ +/- 40 MIN   ○ +/- 20 MIN   ○ NADA

VOCÊ SE ALIMENTOU NOS HORÁRIOS CERTOS?

○ COMI O DIA INTEIRO, QUASE SEM PARAR.   ○ EU ME ALIMENTEI REGULARMENTE DE TRÊS EM TRÊS HORAS.   ○ PASSEI LONGOS PERÍODOS (+4H) SEM ME ALIMENTAR.

VOCÊ SE ALIMENTOU DE FORMA CORRETA?

○ ALIMENTAÇÃO BALANCEADA   ○ ALIMENTAÇÃO DESBALANCEADA

MARQUE NA ESCALA ABAIXO COMO FOI O SEU DIA HOJE EM TERMOS DE REALIZAÇÃO E PRODUTIVIDADE.

| 10% | 20% | 30% | 40% | 50% | 60% | 70% | 80% | 90% | 100% |

RELACIONE DOIS OU TRÊS GANHOS, CONQUISTAS OU ACONTECIMENTOS POSITIVOS QUE OCORRERAM NO DIA DE HOJE.

1 _____
2 _____
3 _____

"COMECE ONDE VOCÊ ESTÁ. USE O QUE VOCÊ TEM. FAÇA O QUE PUDER."

ARTHUR ASHE

DIA 16

DATA ☐ ☐ ☐

COMEÇO DO DIA

1. Qual (ou quais) aprendizados essa frase traz para você?

_____

_____

_____

2. Escolha no Mapa de Autoavaliação Sistêmico (MAAS) para que área da vida você dará mais atenção HOJE. Por que escolheu essa área?

_____

2.1. Qual a coisa mais importante que você fará hoje para desenvolver essa área?

_____

_____

3. Quais são as três tarefas/ações mais importantes que você fará hoje e que darão velocidade/qualidade aos seus objetivos?

HORA	TAREFA/AÇÃO

4. O que você não vai fazer (ou quem vai evitar) hoje para ter um dia mais positivo e produtivo?

1 _____

2 _____

5. Qual ato de generosidade você fará hoje e para quem será?

_____

6. Escreva quatro diferentes motivos de gratidão.

1 _____
2 _____
3 _____
4 _____

FIM DO DIA

MARQUE O EQUIVALENTE AO SEU CONSUMO DE ÁGUA DURANTE O DIA DE HOJE:

O 2 LITROS   O 1 LITRO   O 500 ML   O NADA

MARQUE O EQUIVALENTE ÀS ATIVIDADES FÍSICAS QUE VOCÊ REALIZOU HOJE:

O 1 HORA OU MAIS   O +/- 40 MIN   O +/- 20 MIN   O NADA

VOCÊ SE ALIMENTOU NOS HORÁRIOS CERTOS?

O COMI O DIA INTEIRO, QUASE SEM PARAR.   O EU ME ALIMENTEI REGULARMENTE DE TRÊS EM TRÊS HORAS.   O PASSEI LONGOS PERÍODOS (+4H) SEM ME ALIMENTAR.

VOCÊ SE ALIMENTOU DE FORMA CORRETA?

O ALIMENTAÇÃO BALANCEADA   O ALIMENTAÇÃO DESBALANCEADA

MARQUE NA ESCALA ABAIXO COMO FOI O SEU DIA HOJE EM TERMOS DE REALIZAÇÃO E PRODUTIVIDADE.

| 10% | 20% | 30% | 40% | 50% | 60% | 70% | 80% | 90% | 100% |

RELACIONE DOIS OU TRÊS GANHOS, CONQUISTAS OU ACONTECIMENTOS POSITIVOS QUE OCORRERAM NO DIA DE HOJE.

1 _____
2 _____
3 _____

PAULO VIEIRA 67

> **"SER AUTORRESPONSÁVEL É TER A CERTEZA ABSOLUTA, A CRENÇA DE QUE VOCÊ É O ÚNICO RESPONSÁVEL PELA VIDA QUE TEM LEVADO. CONSEQUENTEMENTE, É O ÚNICO QUE PODE MUDÁ-LA E DIRECIONÁ-LA."**
>
> PAULO VIEIRA

DIA 17

DATA ☐ ☐ ☐

COMEÇO DO DIA

1. Qual (ou quais) aprendizados essa frase traz para você?

_____

_____

_____

2. Escolha no Mapa de Autoavaliação Sistêmico (MAAS) para que área da vida você dará mais atenção HOJE. Por que escolheu essa área?

_____

2.1. Qual a coisa mais importante que você fará hoje para desenvolver essa área?

_____

_____

3. Quais são as três tarefas/ações mais importantes que você fará hoje e que darão velocidade/qualidade aos seus objetivos?

HORA	TAREFA/AÇÃO

4. O que você não vai fazer (ou quem vai evitar) hoje para ter um dia mais positivo e produtivo?

1 _____

2 _____

5. Qual ato de generosidade você fará hoje e para quem será?

_____

6. Escreva quatro diferentes motivos de gratidão.

1 _____
2 _____
3 _____
4 _____

FIM DO DIA

MARQUE O EQUIVALENTE AO SEU CONSUMO DE ÁGUA DURANTE O DIA DE HOJE:

○ 2 LITROS   ○ 1 LITRO   ○ 500 ML   ○ NADA

MARQUE O EQUIVALENTE ÀS ATIVIDADES FÍSICAS QUE VOCÊ REALIZOU HOJE:

○ 1 HORA OU MAIS   ○ +/- 40 MIN   ○ +/- 20 MIN   ○ NADA

VOCÊ SE ALIMENTOU NOS HORÁRIOS CERTOS?

○ COMI O DIA INTEIRO, QUASE SEM PARAR.   ○ EU ME ALIMENTEI REGULARMENTE DE TRÊS EM TRÊS HORAS.   ○ PASSEI LONGOS PERÍODOS (+4H) SEM ME ALIMENTAR.

VOCÊ SE ALIMENTOU DE FORMA CORRETA?

○ ALIMENTAÇÃO BALANCEADA   ○ ALIMENTAÇÃO DESBALANCEADA

MARQUE NA ESCALA ABAIXO COMO FOI O SEU DIA HOJE EM TERMOS DE REALIZAÇÃO E PRODUTIVIDADE.

| 10% | 20% | 30% | 40% | 50% | 60% | 70% | 80% | 90% | 100% |

RELACIONE DOIS OU TRÊS GANHOS, CONQUISTAS OU ACONTECIMENTOS POSITIVOS QUE OCORRERAM NO DIA DE HOJE.

1 _____
2 _____
3 _____

> **"VOCÊ DEVE ASSUMIR SUAS RESPONSABILIDADES. VOCÊ NÃO É CAPAZ DE MUDAR AS CIRCUNSTÂNCIAS, AS ESTAÇÕES DO ANO OU O VENTO, MAS PODE MUDAR A SI PRÓPRIO."**
>
> JIM JOHN

DIA 18

DATA ☐ ☐ ☐

COMEÇO DO DIA

1. Qual (ou quais) aprendizados essa frase traz para você?

_____

_____

_____

2. Escolha no Mapa de Autoavaliação Sistêmico (MAAS) para que área da vida você dará mais atenção HOJE. Por que escolheu essa área?

_____

2.1. Qual a coisa mais importante que você fará hoje para desenvolver essa área?

_____

_____

3. Quais são as três tarefas/ações mais importantes que você fará hoje e que darão velocidade/qualidade aos seus objetivos?

HORA	TAREFA/AÇÃO

4. O que você não vai fazer (ou quem vai evitar) hoje para ter um dia mais positivo e produtivo?

1 _____

2 _____

5. Qual ato de generosidade você fará hoje e para quem será?

_____

6. Escreva quatro diferentes motivos de gratidão.

1 _____
2 _____
3 _____
4 _____

FIM DO DIA

MARQUE O EQUIVALENTE AO SEU CONSUMO DE ÁGUA DURANTE O DIA DE HOJE:

O 2 LITROS   O 1 LITRO   O 500 ML   O NADA

MARQUE O EQUIVALENTE ÀS ATIVIDADES FÍSICAS QUE VOCÊ REALIZOU HOJE:

O 1 HORA OU MAIS   O +/- 40 MIN   O +/- 20 MIN   O NADA

VOCÊ SE ALIMENTOU NOS HORÁRIOS CERTOS?

O COMI O DIA INTEIRO, QUASE SEM PARAR.   O EU ME ALIMENTEI REGULARMENTE DE TRÊS EM TRÊS HORAS.   O PASSEI LONGOS PERÍODOS (+4H) SEM ME ALIMENTAR.

VOCÊ SE ALIMENTOU DE FORMA CORRETA?

O ALIMENTAÇÃO BALANCEADA   O ALIMENTAÇÃO DESBALANCEADA

MARQUE NA ESCALA ABAIXO COMO FOI O SEU DIA HOJE EM TERMOS DE REALIZAÇÃO E PRODUTIVIDADE.

| 10% | 20% | 30% | 40% | 50% | 60% | 70% | 80% | 90% | 100% |

RELACIONE DOIS OU TRÊS GANHOS, CONQUISTAS OU ACONTECIMENTOS POSITIVOS QUE OCORRERAM NO DIA DE HOJE.

1 _____
2 _____
3 _____

"TODOS QUEREM O PERFUME DAS FLORES, MAS POUCOS SUJAM SUAS MÃOS PARA CULTIVÁ-LAS."

AUGUSTO CURY

DIA 19

DATA ☐ ☐ ☐

COMEÇO DO DIA

1. Qual (ou quais) aprendizados essa frase traz para você?

_____
_____
_____

2. Escolha no Mapa de Autoavaliação Sistêmico (MAAS) para que área da vida você dará mais atenção HOJE. Por que escolheu essa área?

_____

2.1. Qual a coisa mais importante que você fará hoje para desenvolver essa área?

_____
_____

3. Quais são as três tarefas/ações mais importantes que você fará hoje e que darão velocidade/qualidade aos seus objetivos?

HORA	TAREFA/AÇÃO

4. O que você não vai fazer (ou quem vai evitar) hoje para ter um dia mais positivo e produtivo?

1 _____
2 _____

5. Qual ato de generosidade você fará hoje e para quem será?

_____

6. Escreva quatro diferentes motivos de gratidão.

1 _____
2 _____
3 _____
4 _____

FIM DO DIA

MARQUE O EQUIVALENTE AO SEU CONSUMO DE ÁGUA DURANTE O DIA DE HOJE:

○ 2 LITROS   ○ 1 LITRO   ○ 500 ML   ○ NADA

MARQUE O EQUIVALENTE ÀS ATIVIDADES FÍSICAS QUE VOCÊ REALIZOU HOJE:

○ 1 HORA OU MAIS   ○ +/- 40 MIN   ○ +/- 20 MIN   ○ NADA

VOCÊ SE ALIMENTOU NOS HORÁRIOS CERTOS?

○ COMI O DIA INTEIRO, QUASE SEM PARAR.   ○ EU ME ALIMENTEI REGULARMENTE DE TRÊS EM TRÊS HORAS.   ○ PASSEI LONGOS PERÍODOS (+4H) SEM ME ALIMENTAR.

VOCÊ SE ALIMENTOU DE FORMA CORRETA?

○ ALIMENTAÇÃO BALANCEADA   ○ ALIMENTAÇÃO DESBALANCEADA

MARQUE NA ESCALA ABAIXO COMO FOI O SEU DIA HOJE EM TERMOS DE REALIZAÇÃO E PRODUTIVIDADE.

| 10% | 20% | 30% | 40% | 50% | 60% | 70% | 80% | 90% | 100% |

RELACIONE DOIS OU TRÊS GANHOS, CONQUISTAS OU ACONTECIMENTOS POSITIVOS QUE OCORRERAM NO DIA DE HOJE.

1 _____
2 _____
3 _____

"ENTRE O ESTÍMULO E A RESPOSTA ESTÁ A LIBERDADE DE ESCOLHA."

VIKTOR FRANKL

DIA 20

DATA ☐ ☐ ☐

COMEÇO DO DIA

1. Qual (ou quais) aprendizados essa frase traz para você?

_____

_____

_____

2. Escolha no Mapa de Autoavaliação Sistêmico (MAAS) para que área da vida você dará mais atenção HOJE. Por que escolheu essa área?

_____

2.1. Qual a coisa mais importante que você fará hoje para desenvolver essa área?

_____

_____

3. Quais são as três tarefas/ações mais importantes que você fará hoje e que darão velocidade/qualidade aos seus objetivos?

HORA	TAREFA/AÇÃO

4. O que você não vai fazer (ou quem vai evitar) hoje para ter um dia mais positivo e produtivo?

1 _____

2 _____

74 FOCO NA PRÁTICA

5. Qual ato de generosidade você fará hoje e para quem será?

_____

6. Escreva quatro diferentes motivos de gratidão.

1 _____
2 _____
3 _____
4 _____

FIM DO DIA

MARQUE O EQUIVALENTE AO SEU CONSUMO DE ÁGUA DURANTE O DIA DE HOJE:

O 2 LITROS   O 1 LITRO   O 500 ML   O NADA

MARQUE O EQUIVALENTE ÀS ATIVIDADES FÍSICAS QUE VOCÊ REALIZOU HOJE:

O 1 HORA OU MAIS   O +/- 40 MIN   O +/- 20 MIN   O NADA

VOCÊ SE ALIMENTOU NOS HORÁRIOS CERTOS?

O COMI O DIA INTEIRO, QUASE SEM PARAR.   O EU ME ALIMENTEI REGULARMENTE DE TRÊS EM TRÊS HORAS.   O PASSEI LONGOS PERÍODOS (+4H) SEM ME ALIMENTAR.

VOCÊ SE ALIMENTOU DE FORMA CORRETA?

O ALIMENTAÇÃO BALANCEADA   O ALIMENTAÇÃO DESBALANCEADA

MARQUE NA ESCALA ABAIXO COMO FOI O SEU DIA HOJE EM TERMOS DE REALIZAÇÃO E PRODUTIVIDADE.

| 10% | 20% | 30% | 40% | 50% | 60% | 70% | 80% | 90% | 100% |

RELACIONE DOIS OU TRÊS GANHOS, CONQUISTAS OU ACONTECIMENTOS POSITIVOS QUE OCORRERAM NO DIA DE HOJE.

1 _____
2 _____
3 _____

"QUALQUER AÇÃO DIRECIONADA SUTILMENTE PARA SEUS OBJETIVOS JÁ INICIA O PROCESSO DE MUDANÇA E LIBERTAÇÃO DA ZONA DE CONFORTO."

PAULO VIEIRA

DIA 21

DATA ☐ ☐ ☐

COMEÇO DO DIA

1. Qual (ou quais) aprendizados essa frase traz para você?

_____

_____

_____

2. Escolha no Mapa de Autoavaliação Sistêmico (MAAS) para que área da vida você dará mais atenção HOJE. Por que escolheu essa área?

_____

2.1. Qual a coisa mais importante que você fará hoje para desenvolver essa área?

_____

_____

3. Quais são as três tarefas/ações mais importantes que você fará hoje e que darão velocidade/qualidade aos seus objetivos?

HORA	TAREFA/AÇÃO

4. O que você não vai fazer (ou quem vai evitar) hoje para ter um dia mais positivo e produtivo?

1 _____

2 _____

5. Qual ato de generosidade você fará hoje e para quem será?

_____

6. Escreva quatro diferentes motivos de gratidão.

1 _____
2 _____
3 _____
4 _____

FIM DO DIA

MARQUE O EQUIVALENTE AO SEU CONSUMO DE ÁGUA DURANTE O DIA DE HOJE:

○ 2 LITROS   ○ 1 LITRO   ○ 500 ML   ○ NADA

MARQUE O EQUIVALENTE ÀS ATIVIDADES FÍSICAS QUE VOCÊ REALIZOU HOJE:

○ 1 HORA OU MAIS   ○ +/- 40 MIN   ○ +/- 20 MIN   ○ NADA

VOCÊ SE ALIMENTOU NOS HORÁRIOS CERTOS?

○ COMI O DIA INTEIRO, QUASE SEM PARAR.   ○ EU ME ALIMENTEI REGULARMENTE DE TRÊS EM TRÊS HORAS.   ○ PASSEI LONGOS PERÍODOS (+4H) SEM ME ALIMENTAR.

VOCÊ SE ALIMENTOU DE FORMA CORRETA?

○ ALIMENTAÇÃO BALANCEADA   ○ ALIMENTAÇÃO DESBALANCEADA

MARQUE NA ESCALA ABAIXO COMO FOI O SEU DIA HOJE EM TERMOS DE REALIZAÇÃO E PRODUTIVIDADE.

| 10% | 20% | 30% | 40% | 50% | 60% | 70% | 80% | 90% | 100% |

RELACIONE DOIS OU TRÊS GANHOS, CONQUISTAS OU ACONTECIMENTOS POSITIVOS QUE OCORRERAM NO DIA DE HOJE.

1 _____
2 _____
3 _____

"A QUESTÃO ESSENCIAL NÃO É QUÃO OCUPADO VOCÊ ESTÁ, MAS SIM COM O QUE VOCÊ ESTÁ OCUPADO."

OPRAH WINFREY

DIA 22

DATA ☐ ☐ ☐

COMEÇO DO DIA

1. Qual (ou quais) aprendizados essa frase traz para você?

_____

_____

_____

2. Escolha no Mapa de Autoavaliação Sistêmico (MAAS) para que área da vida você dará mais atenção HOJE. Por que escolheu essa área?

_____

2.1. Qual a coisa mais importante que você fará hoje para desenvolver essa área?

_____

_____

3. Quais são as três tarefas/ações mais importantes que você fará hoje e que darão velocidade/qualidade aos seus objetivos?

HORA	TAREFA/AÇÃO

4. O que você não vai fazer (ou quem vai evitar) hoje para ter um dia mais positivo e produtivo?

1 _____

2 _____

78 FOCO NA PRÁTICA

5. Qual ato de generosidade você fará hoje e para quem será?

_____

6. Escreva quatro diferentes motivos de gratidão.

1 _____
2 _____
3 _____
4 _____

FIM DO DIA

MARQUE O EQUIVALENTE AO SEU CONSUMO DE ÁGUA DURANTE O DIA DE HOJE:

○ 2 LITROS   ○ 1 LITRO   ○ 500 ML   ○ NADA

MARQUE O EQUIVALENTE ÀS ATIVIDADES FÍSICAS QUE VOCÊ REALIZOU HOJE:

○ 1 HORA OU MAIS   ○ +/- 40 MIN   ○ +/- 20 MIN   ○ NADA

VOCÊ SE ALIMENTOU NOS HORÁRIOS CERTOS?

○ COMI O DIA INTEIRO, QUASE SEM PARAR.   ○ EU ME ALIMENTEI REGULARMENTE DE TRÊS EM TRÊS HORAS.   ○ PASSEI LONGOS PERÍODOS (+4H) SEM ME ALIMENTAR.

VOCÊ SE ALIMENTOU DE FORMA CORRETA?

○ ALIMENTAÇÃO BALANCEADA   ○ ALIMENTAÇÃO DESBALANCEADA

MARQUE NA ESCALA ABAIXO COMO FOI O SEU DIA HOJE EM TERMOS DE REALIZAÇÃO E PRODUTIVIDADE.

| 10% | 20% | 30% | 40% | 50% | 60% | 70% | 80% | 90% | 100% |

RELACIONE DOIS OU TRÊS GANHOS, CONQUISTAS OU ACONTECIMENTOS POSITIVOS QUE OCORRERAM NO DIA DE HOJE.

1 _____
2 _____
3 _____

> # "UMA VIAGEM DE MIL MILHAS COMEÇA COM UM ÚNICO PASSO."
>
> **LAO TSÉ**

DIA 23

DATA ☐ ☐ ☐

COMEÇO DO DIA

1. Qual (ou quais) aprendizados essa frase traz para você?

_____

_____

_____

2. Escolha no Mapa de Autoavaliação Sistêmico (MAAS) para que área da vida você dará mais atenção HOJE. Por que escolheu essa área?

_____

2.1. Qual a coisa mais importante que você fará hoje para desenvolver essa área?

_____

_____

3. Quais são as três tarefas/ações mais importantes que você fará hoje e que darão velocidade/qualidade aos seus objetivos?

HORA	TAREFA/AÇÃO

4. O que você não vai fazer (ou quem vai evitar) hoje para ter um dia mais positivo e produtivo?

1 _____

2 _____

80 FOCO NA PRÁTICA

5. Qual ato de generosidade você fará hoje e para quem será?

_____

6. Escreva quatro diferentes motivos de gratidão.

1 _____
2 _____
3 _____
4 _____

FIM DO DIA

MARQUE O EQUIVALENTE AO SEU CONSUMO DE ÁGUA DURANTE O DIA DE HOJE:

O 2 LITROS   O 1 LITRO   O 500 ML   O NADA

MARQUE O EQUIVALENTE ÀS ATIVIDADES FÍSICAS QUE VOCÊ REALIZOU HOJE:

O 1 HORA OU MAIS   O +/- 40 MIN   O +/- 20 MIN   O NADA

VOCÊ SE ALIMENTOU NOS HORÁRIOS CERTOS?

O COMI O DIA INTEIRO, QUASE SEM PARAR.   O EU ME ALIMENTEI REGULARMENTE DE TRÊS EM TRÊS HORAS.   O PASSEI LONGOS PERÍODOS (+4H) SEM ME ALIMENTAR.

VOCÊ SE ALIMENTOU DE FORMA CORRETA?

O ALIMENTAÇÃO BALANCEADA   O ALIMENTAÇÃO DESBALANCEADA

MARQUE NA ESCALA ABAIXO COMO FOI O SEU DIA HOJE EM TERMOS DE REALIZAÇÃO E PRODUTIVIDADE.

10%	20%	30%	40%	50%	60%	70%	80%	90%	100%

RELACIONE DOIS OU TRÊS GANHOS, CONQUISTAS OU ACONTECIMENTOS POSITIVOS QUE OCORRERAM NO DIA DE HOJE.

1 _____
2 _____
3 _____

> **"NENHUM PROJETO É VIÁVEL SE NÃO COMEÇA A SER CONSTRUÍDO DESDE JÁ: O FUTURO SERÁ O QUE COMEÇAMOS A FAZER DELE NO PRESENTE."**
>
> IÇAMI TIBA

DIA 24

DATA ☐ ☐ ☐

COMEÇO DO DIA

1. Qual (ou quais) aprendizados essa frase traz para você?

_____
_____
_____

2. Escolha no Mapa de Autoavaliação Sistêmico (MAAS) para que área da vida você dará mais atenção HOJE. Por que escolheu essa área?

_____

2.1. Qual a coisa mais importante que você fará hoje para desenvolver essa área?

_____
_____

3. Quais são as três tarefas/ações mais importantes que você fará hoje e que darão velocidade/qualidade aos seus objetivos?

HORA	TAREFA/AÇÃO

4. O que você não vai fazer (ou quem vai evitar) hoje para ter um dia mais positivo e produtivo?

1 _____
2 _____

5. Qual ato de generosidade você fará hoje e para quem será?

_____

6. Escreva quatro diferentes motivos de gratidão.

1 _____
2 _____
3 _____
4 _____

FIM DO DIA

MARQUE O EQUIVALENTE AO SEU CONSUMO DE ÁGUA DURANTE O DIA DE HOJE:

O 2 LITROS O 1 LITRO O 500 ML O NADA

MARQUE O EQUIVALENTE ÀS ATIVIDADES FÍSICAS QUE VOCÊ REALIZOU HOJE:

O 1 HORA OU MAIS O +/- 40 MIN O +/- 20 MIN O NADA

VOCÊ SE ALIMENTOU NOS HORÁRIOS CERTOS?

O COMI O DIA INTEIRO, QUASE SEM PARAR. O EU ME ALIMENTEI REGULARMENTE DE TRÊS EM TRÊS HORAS. O PASSEI LONGOS PERÍODOS (+4H) SEM ME ALIMENTAR.

VOCÊ SE ALIMENTOU DE FORMA CORRETA?

O ALIMENTAÇÃO BALANCEADA O ALIMENTAÇÃO DESBALANCEADA

MARQUE NA ESCALA ABAIXO COMO FOI O SEU DIA HOJE EM TERMOS DE REALIZAÇÃO E PRODUTIVIDADE.

| 10% | 20% | 30% | 40% | 50% | 60% | 70% | 80% | 90% | 100% |

RELACIONE DOIS OU TRÊS GANHOS, CONQUISTAS OU ACONTECIMENTOS POSITIVOS QUE OCORRERAM NO DIA DE HOJE.

1 _____
2 _____
3 _____

"O QUE EU NÃO TENHO É PELO QUE EU NÃO SEI, PORQUE, SE EU SOUBESSE, EU JÁ O TERIA."

PAULO VIEIRA

DIA 25

DATA ☐ ☐ ☐

COMEÇO DO DIA

1. Qual (ou quais) aprendizados essa frase traz para você?

_____

_____

_____

2. Escolha no Mapa de Autoavaliação Sistêmico (MAAS) para que área da vida você dará mais atenção HOJE. Por que escolheu essa área?

_____

2.1. Qual a coisa mais importante que você fará hoje para desenvolver essa área?

_____

_____

3. Quais são as três tarefas/ações mais importantes que você fará hoje e que darão velocidade/qualidade aos seus objetivos?

HORA	TAREFA/AÇÃO

4. O que você não vai fazer (ou quem vai evitar) hoje para ter um dia mais positivo e produtivo?

1 _____

2 _____

84 FOCO NA PRÁTICA

5. Qual ato de generosidade você fará hoje e para quem será?

_____

6. Escreva quatro diferentes motivos de gratidão.

1 _____
2 _____
3 _____
4 _____

FIM DO DIA

MARQUE O EQUIVALENTE AO SEU CONSUMO DE ÁGUA DURANTE O DIA DE HOJE:

O 2 LITROS   O 1 LITRO   O 500 ML   O NADA

MARQUE O EQUIVALENTE ÀS ATIVIDADES FÍSICAS QUE VOCÊ REALIZOU HOJE:

O 1 HORA OU MAIS   O +/- 40 MIN   O +/- 20 MIN   O NADA

VOCÊ SE ALIMENTOU NOS HORÁRIOS CERTOS?

O COMI O DIA INTEIRO, QUASE SEM PARAR.   O EU ME ALIMENTEI REGULARMENTE DE TRÊS EM TRÊS HORAS.   O PASSEI LONGOS PERÍODOS (+4H) SEM ME ALIMENTAR.

VOCÊ SE ALIMENTOU DE FORMA CORRETA?

O ALIMENTAÇÃO BALANCEADA   O ALIMENTAÇÃO DESBALANCEADA

MARQUE NA ESCALA ABAIXO COMO FOI O SEU DIA HOJE EM TERMOS DE REALIZAÇÃO E PRODUTIVIDADE.

| 10% | 20% | 30% | 40% | 50% | 60% | 70% | 80% | 90% | 100% |

RELACIONE DOIS OU TRÊS GANHOS, CONQUISTAS OU ACONTECIMENTOS POSITIVOS QUE OCORRERAM NO DIA DE HOJE.

1 _____
2 _____
3 _____

PAULO VIEIRA 85

> **"AOS SERES HUMANOS FORAM DADOS DOIS PÉS PARA QUE NÃO TIVESSEM DE PERMANECER EM UM MESMO LUGAR."**
>
> **ROBERT FISHER**

DIA 26

DATA ☐ ☐ ☐

COMEÇO DO DIA

1. Qual (ou quais) aprendizados essa frase traz para você?

_____

_____

_____

2. Escolha no Mapa de Autoavaliação Sistêmico (MAAS) para que área da vida você dará mais atenção HOJE. Por que escolheu essa área?

_____

2.1. Qual a coisa mais importante que você fará hoje para desenvolver essa área?

_____

_____

3. Quais são as três tarefas/ações mais importantes que você fará hoje e que darão velocidade/qualidade aos seus objetivos?

HORA	TAREFA/AÇÃO

4. O que você não vai fazer (ou quem vai evitar) hoje para ter um dia mais positivo e produtivo?

1 _____

2 _____

86 FOCO NA PRÁTICA

5. Qual ato de generosidade você fará hoje e para quem será?

_____

6. Escreva quatro diferentes motivos de gratidão.

1 _____
2 _____
3 _____
4 _____

FIM DO DIA

MARQUE O EQUIVALENTE AO SEU CONSUMO DE ÁGUA DURANTE O DIA DE HOJE:

O 2 LITROS   O 1 LITRO   O 500 ML   O NADA

MARQUE O EQUIVALENTE ÀS ATIVIDADES FÍSICAS QUE VOCÊ REALIZOU HOJE:

O 1 HORA OU MAIS   O +/- 40 MIN   O +/- 20 MIN   O NADA

VOCÊ SE ALIMENTOU NOS HORÁRIOS CERTOS?

O COMI O DIA INTEIRO, QUASE SEM PARAR.   O EU ME ALIMENTEI REGULARMENTE DE TRÊS EM TRÊS HORAS.   O PASSEI LONGOS PERÍODOS (+4H) SEM ME ALIMENTAR.

VOCÊ SE ALIMENTOU DE FORMA CORRETA?

O ALIMENTAÇÃO BALANCEADA   O ALIMENTAÇÃO DESBALANCEADA

MARQUE NA ESCALA ABAIXO COMO FOI O SEU DIA HOJE EM TERMOS DE REALIZAÇÃO E PRODUTIVIDADE.

| 10% | 20% | 30% | 40% | 50% | 60% | 70% | 80% | 90% | 100% |

RELACIONE DOIS OU TRÊS GANHOS, CONQUISTAS OU ACONTECIMENTOS POSITIVOS QUE OCORRERAM NO DIA DE HOJE.

1 _____
2 _____
3 _____

"PARA TER O QUE NUNCA TEVE, FAÇA O QUE NUNCA FEZ."

JIM ROHN

DIA 27

DATA ☐ ☐ ☐

COMEÇO DO DIA

1. Qual (ou quais) aprendizados essa frase traz para você?

_____
_____
_____

2. Escolha no Mapa de Autoavaliação Sistêmico (MAAS) para que área da vida você dará mais atenção HOJE. Por que escolheu essa área?

_____

2.1. Qual a coisa mais importante que você fará hoje para desenvolver essa área?

_____
_____

3. Quais são as três tarefas/ações mais importantes que você fará hoje e que darão velocidade/qualidade aos seus objetivos?

HORA	TAREFA/AÇÃO

4. O que você não vai fazer (ou quem vai evitar) hoje para ter um dia mais positivo e produtivo?

1 _____
2 _____

5. Qual ato de generosidade você fará hoje e para quem será?

_____

6. Escreva quatro diferentes motivos de gratidão.

1 _____
2 _____
3 _____
4 _____

FIM DO DIA

MARQUE O EQUIVALENTE AO SEU CONSUMO DE ÁGUA DURANTE O DIA DE HOJE:

○ 2 LITROS   ○ 1 LITRO   ○ 500 ML   ○ NADA

MARQUE O EQUIVALENTE ÀS ATIVIDADES FÍSICAS QUE VOCÊ REALIZOU HOJE:

○ 1 HORA OU MAIS   ○ +/- 40 MIN   ○ +/- 20 MIN   ○ NADA

VOCÊ SE ALIMENTOU NOS HORÁRIOS CERTOS?

○ COMI O DIA INTEIRO, QUASE SEM PARAR.   ○ EU ME ALIMENTEI REGULARMENTE DE TRÊS EM TRÊS HORAS.   ○ PASSEI LONGOS PERÍODOS (+4H) SEM ME ALIMENTAR.

VOCÊ SE ALIMENTOU DE FORMA CORRETA?

○ ALIMENTAÇÃO BALANCEADA   ○ ALIMENTAÇÃO DESBALANCEADA

MARQUE NA ESCALA ABAIXO COMO FOI O SEU DIA HOJE EM TERMOS DE REALIZAÇÃO E PRODUTIVIDADE.

| 10% | 20% | 30% | 40% | 50% | 60% | 70% | 80% | 90% | 100% |

RELACIONE DOIS OU TRÊS GANHOS, CONQUISTAS OU ACONTECIMENTOS POSITIVOS QUE OCORRERAM NO DIA DE HOJE.

1 _____
2 _____
3 _____

> **"HUMANAMENTE FALANDO, A ÚNICA COISA QUE NOS SEPARA DE NOSSOS OBJETIVOS É A NOSSA CAPACIDADE DE AGIR."**
>
> PAULO VIEIRA

DIA 28

DATA ☐ ☐ ☐

COMEÇO DO DIA

1. Qual (ou quais) aprendizados essa frase traz para você?

_____
_____
_____

2. Escolha no Mapa de Autoavaliação Sistêmico (MAAS) para que área da vida você dará mais atenção HOJE. Por que escolheu essa área?

_____

2.1. Qual a coisa mais importante que você fará hoje para desenvolver essa área?

_____
_____

3. Quais são as três tarefas/ações mais importantes que você fará hoje e que darão velocidade/qualidade aos seus objetivos?

HORA	TAREFA/AÇÃO

4. O que você não vai fazer (ou quem vai evitar) hoje para ter um dia mais positivo e produtivo?

1 _____
2 _____

5. Qual ato de generosidade você fará hoje e para quem será?

_____

6. Escreva quatro diferentes motivos de gratidão.

1 _____
2 _____
3 _____
4 _____

FIM DO DIA

MARQUE O EQUIVALENTE AO SEU CONSUMO DE ÁGUA DURANTE O DIA DE HOJE:

○ 2 LITROS   ○ 1 LITRO   ○ 500 ML   ○ NADA

MARQUE O EQUIVALENTE ÀS ATIVIDADES FÍSICAS QUE VOCÊ REALIZOU HOJE:

○ 1 HORA OU MAIS   ○ +/- 40 MIN   ○ +/- 20 MIN   ○ NADA

VOCÊ SE ALIMENTOU NOS HORÁRIOS CERTOS?

○ COMI O DIA INTEIRO, QUASE SEM PARAR.   ○ EU ME ALIMENTEI REGULARMENTE DE TRÊS EM TRÊS HORAS.   ○ PASSEI LONGOS PERÍODOS (+4H) SEM ME ALIMENTAR.

VOCÊ SE ALIMENTOU DE FORMA CORRETA?

○ ALIMENTAÇÃO BALANCEADA   ○ ALIMENTAÇÃO DESBALANCEADA

MARQUE NA ESCALA ABAIXO COMO FOI O SEU DIA HOJE EM TERMOS DE REALIZAÇÃO E PRODUTIVIDADE.

| 10% | 20% | 30% | 40% | 50% | 60% | 70% | 80% | 90% | 100% |

RELACIONE DOIS OU TRÊS GANHOS, CONQUISTAS OU ACONTECIMENTOS POSITIVOS QUE OCORRERAM NO DIA DE HOJE.

1 _____
2 _____
3 _____

> **"DEVÍAMOS SER ENSINADOS A NÃO ESPERAR POR INSPIRAÇÃO PARA COMEÇAR ALGO. AÇÃO SEMPRE GERA INSPIRAÇÃO. INSPIRAÇÃO RARAMENTE GERA AÇÃO."**
>
> **FRANK TIBOLT**

DIA 29

DATA ☐ ☐ ☐

COMEÇO DO DIA

1. Qual (ou quais) aprendizados essa frase traz para você?

_____

_____

_____

2. Escolha no Mapa de Autoavaliação Sistêmico (MAAS) para que área da vida você dará mais atenção HOJE. Por que escolheu essa área?

_____

2.1. Qual a coisa mais importante que você fará hoje para desenvolver essa área?

_____

_____

3. Quais são as três tarefas/ações mais importantes que você fará hoje e que darão velocidade/qualidade aos seus objetivos?

HORA	TAREFA/AÇÃO

4. O que você não vai fazer (ou quem vai evitar) hoje para ter um dia mais positivo e produtivo?

1 _____

2 _____

5. Qual ato de generosidade você fará hoje e para quem será?

_____

6. Escreva quatro diferentes motivos de gratidão.

1 _____
2 _____
3 _____
4 _____

FIM DO DIA

MARQUE O EQUIVALENTE AO SEU CONSUMO DE ÁGUA DURANTE O DIA DE HOJE:

○ 2 LITROS   ○ 1 LITRO   ○ 500 ML   ○ NADA

MARQUE O EQUIVALENTE ÀS ATIVIDADES FÍSICAS QUE VOCÊ REALIZOU HOJE:

○ 1 HORA OU MAIS   ○ +/- 40 MIN   ○ +/- 20 MIN   ○ NADA

VOCÊ SE ALIMENTOU NOS HORÁRIOS CERTOS?

○ COMI O DIA INTEIRO, QUASE SEM PARAR.   ○ EU ME ALIMENTEI REGULARMENTE DE TRÊS EM TRÊS HORAS.   ○ PASSEI LONGOS PERÍODOS (+4H) SEM ME ALIMENTAR.

VOCÊ SE ALIMENTOU DE FORMA CORRETA?

○ ALIMENTAÇÃO BALANCEADA   ○ ALIMENTAÇÃO DESBALANCEADA

MARQUE NA ESCALA ABAIXO COMO FOI O SEU DIA HOJE EM TERMOS DE REALIZAÇÃO E PRODUTIVIDADE.

| 10% | 20% | 30% | 40% | 50% | 60% | 70% | 80% | 90% | 100% |

RELACIONE DOIS OU TRÊS GANHOS, CONQUISTAS OU ACONTECIMENTOS POSITIVOS QUE OCORRERAM NO DIA DE HOJE.

1 _____
2 _____
3 _____

> ## "A LÓGICA PODE LEVAR VOCÊ DE UM PONTO 'A' A UM PONTO 'B'. A IMAGINAÇÃO PODE LEVÁ-LO A QUALQUER LUGAR."
>
> **ALBERT EINSTEIN**

DIA 30

DATA ☐ ☐ ☐

COMEÇO DO DIA

1. Qual (ou quais) aprendizados essa frase traz para você?

_____

_____

_____

2. Escolha no Mapa de Autoavaliação Sistêmico (MAAS) para que área da vida você dará mais atenção HOJE. Por que escolheu essa área?

_____

2.1. Qual a coisa mais importante que você fará hoje para desenvolver essa área?

_____

_____

3. Quais são as três tarefas/ações mais importantes que você fará hoje e que darão velocidade/qualidade aos seus objetivos?

HORA	TAREFA/AÇÃO

4. O que você não vai fazer (ou quem vai evitar) hoje para ter um dia mais positivo e produtivo?

1 _____

2 _____

94 FOCO NA PRÁTICA

5. Qual ato de generosidade você fará hoje e para quem será?

_____

6. Escreva quatro diferentes motivos de gratidão.

1 _____
2 _____
3 _____
4 _____

FIM DO DIA

MARQUE O EQUIVALENTE AO SEU CONSUMO DE ÁGUA DURANTE O DIA DE HOJE:

○ 2 LITROS ○ 1 LITRO ○ 500 ML ○ NADA

MARQUE O EQUIVALENTE ÀS ATIVIDADES FÍSICAS QUE VOCÊ REALIZOU HOJE:

○ 1 HORA OU MAIS ○ +/- 40 MIN ○ +/- 20 MIN ○ NADA

VOCÊ SE ALIMENTOU NOS HORÁRIOS CERTOS?

○ COMI O DIA INTEIRO, QUASE SEM PARAR. ○ EU ME ALIMENTEI REGULARMENTE DE TRÊS EM TRÊS HORAS. ○ PASSEI LONGOS PERÍODOS (+4H) SEM ME ALIMENTAR.

VOCÊ SE ALIMENTOU DE FORMA CORRETA?

○ ALIMENTAÇÃO BALANCEADA ○ ALIMENTAÇÃO DESBALANCEADA

MARQUE NA ESCALA ABAIXO COMO FOI O SEU DIA HOJE EM TERMOS DE REALIZAÇÃO E PRODUTIVIDADE.

10%	20%	30%	40%	50%	60%	70%	80%	90%	100%

RELACIONE DOIS OU TRÊS GANHOS, CONQUISTAS OU ACONTECIMENTOS POSITIVOS QUE OCORRERAM NO DIA DE HOJE.

1 _____
2 _____
3 _____

FAÇA SUA VIDA FLUIR NA DIREÇÃO QUE VOCÊ QUER!

Autoconfiança
Autorresponsabilidade
Comunicação positiva
Entusiasmo
Fé
Gratidão

MAPA DE AUTOAVALIAÇÃO SISTÊMICO

2º MÊS DATA DIA / MÊS / ANO

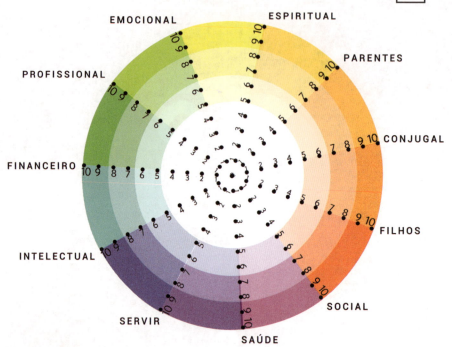

NOTA: 1 A 5
MUITO CRÍTICO

NOTA: 6 OU 7
CRÍTICO

NOTA: 8 OU 9
BOM

NOTA: 10
PLENITUDE

UMA VEZ PREENCHIDO O **MAAS**, QUE FIGURA É FORMADA AO LIGAR OS PONTOS ENTRE OS PILARES? ESSA FIGURA REPRESENTA QUANTO A SUA VIDA ESTÁ FLUINDO. A RODA QUE SIMBOLIZA A SUA VIDA ESTÁ GIRANDO? QUAL APRENDIZADO VOCÊ TEM AO OBSERVAR O SEU MAAS? COM BASE NESSE APRENDIZADO, QUAIS SÃO AS SUAS DECISÕES?

_____
_____
_____
_____

40 CARACTERÍSTICAS POSITIVAS

ESTE É UM EXERCÍCIO PARA TREINAR A AUTOCONFIANÇA. FAÇA UMA LISTA DE 40 CARACTERÍSTICAS PESSOAIS POSITIVAS, SEMPRE COMEÇANDO A FRASE COM "EU SOU...".

EXEMPLO: 1. *Eu sou vitorioso.*
2. *Eu sou otimista.*

1 _____	21 _____	
2 _____	22 _____	
3 _____	23 _____	
4 _____	24 _____	
5 _____	25 _____	
6 _____	26 _____	
7 _____	27 _____	
8 _____	28 _____	
9 _____	29 _____	
10 _____	30 _____	
11 _____	31 _____	
12 _____	32 _____	
13 _____	33 _____	
14 _____	34 _____	
15 _____	35 _____	
16 _____	36 _____	
17 _____	37 _____	
18 _____	38 _____	
19 _____	39 _____	
20 _____	40 _____	

Todos os dias, leia essa lista em voz alta e com entusiasmo. Mesmo que alguma dessas características não esteja em evidência, elas estão dentro de você. Tome posse delas! Quando desejar, acrescente outras características positivas que sejam mais necessárias naquele momento.

QUER SABER MAIS SOBRE O ASSUNTO? ASSISTA À SÉRIE *AUTOCONFIANÇA* NO LINK
febracis.com.br/focopratica

> ## "SE VOCÊ APRENDEU ALGO COM A DERROTA, VOCÊ NA VERDADE NUNCA PERDEU."
>
> **ZIG ZIGLAR**

DIA 31

DATA ☐ ☐ ☐

COMEÇO DO DIA

1. Qual (ou quais) aprendizados essa frase traz para você?

_____

_____

_____

2. Escolha no Mapa de Autoavaliação Sistêmico (MAAS) para que área da vida você dará mais atenção HOJE. Por que escolheu essa área?

_____

2.1. Qual a coisa mais importante que você fará hoje para desenvolver essa área?

_____

_____

3. Quais são as três tarefas/ações mais importantes que você fará hoje e que darão velocidade/qualidade aos seus objetivos?

HORA	TAREFA/AÇÃO

4. O que você não vai fazer (ou quem vai evitar) hoje para ter um dia mais positivo e produtivo?

1 _____

2 _____

100 FOCO NA PRÁTICA

5. Qual ato de generosidade você fará hoje e para quem será?

_____

6. Escreva quatro diferentes motivos de gratidão.

1 _____
2 _____
3 _____
4 _____

FIM DO DIA

MARQUE O EQUIVALENTE AO SEU CONSUMO DE ÁGUA DURANTE O DIA DE HOJE:

○ 2 LITROS   ○ 1 LITRO   ○ 500 ML   ○ NADA

MARQUE O EQUIVALENTE ÀS ATIVIDADES FÍSICAS QUE VOCÊ REALIZOU HOJE:

○ 1 HORA OU MAIS   ○ +/- 40 MIN   ○ +/- 20 MIN   ○ NADA

VOCÊ SE ALIMENTOU NOS HORÁRIOS CERTOS?

○ COMI O DIA INTEIRO, QUASE SEM PARAR.   ○ EU ME ALIMENTEI REGULARMENTE DE TRÊS EM TRÊS HORAS.   ○ PASSEI LONGOS PERÍODOS (+4H) SEM ME ALIMENTAR.

VOCÊ SE ALIMENTOU DE FORMA CORRETA?

○ ALIMENTAÇÃO BALANCEADA   ○ ALIMENTAÇÃO DESBALANCEADA

MARQUE NA ESCALA ABAIXO COMO FOI O SEU DIA HOJE EM TERMOS DE REALIZAÇÃO E PRODUTIVIDADE.

| 10% | 20% | 30% | 40% | 50% | 60% | 70% | 80% | 90% | 100% |

RELACIONE DOIS OU TRÊS GANHOS, CONQUISTAS OU ACONTECIMENTOS POSITIVOS QUE OCORRERAM NO DIA DE HOJE.

1 _____
2 _____
3 _____

"DA MESMA MANEIRA QUE A BOCA FALA DO QUE O CORAÇÃO ESTÁ CHEIO, NOSSA POSTURA FALA QUEM SOMOS."

PAULO VIEIRA

DIA 32

DATA ☐ ☐ ☐

COMEÇO DO DIA

1. Qual (ou quais) aprendizados essa frase traz para você?

_____

_____

_____

2. Escolha no Mapa de Autoavaliação Sistêmico (MAAS) para que área da vida você dará mais atenção HOJE. Por que escolheu essa área?

_____

2.1. Qual a coisa mais importante que você fará hoje para desenvolver essa área?

_____

_____

3. Quais são as três tarefas/ações mais importantes que você fará hoje e que darão velocidade/qualidade aos seus objetivos?

HORA	TAREFA/AÇÃO

4. O que você não vai fazer (ou quem vai evitar) hoje para ter um dia mais positivo e produtivo?

1 _____

2 _____

102 FOCO NA PRÁTICA

5. Qual ato de generosidade você fará hoje e para quem será?

_____

6. Escreva quatro diferentes motivos de gratidão.

1 _____
2 _____
3 _____
4 _____

FIM DO DIA

MARQUE O EQUIVALENTE AO SEU CONSUMO DE ÁGUA DURANTE O DIA DE HOJE:

○ 2 LITROS   ○ 1 LITRO   ○ 500 ML   ○ NADA

MARQUE O EQUIVALENTE ÀS ATIVIDADES FÍSICAS QUE VOCÊ REALIZOU HOJE:

○ 1 HORA OU MAIS   ○ +/- 40 MIN   ○ +/- 20 MIN   ○ NADA

VOCÊ SE ALIMENTOU NOS HORÁRIOS CERTOS?

○ COMI O DIA INTEIRO, QUASE SEM PARAR.   ○ EU ME ALIMENTEI REGULARMENTE DE TRÊS EM TRÊS HORAS.   ○ PASSEI LONGOS PERÍODOS (+4H) SEM ME ALIMENTAR.

VOCÊ SE ALIMENTOU DE FORMA CORRETA?

○ ALIMENTAÇÃO BALANCEADA   ○ ALIMENTAÇÃO DESBALANCEADA

MARQUE NA ESCALA ABAIXO COMO FOI O SEU DIA HOJE EM TERMOS DE REALIZAÇÃO E PRODUTIVIDADE.

| 10% | 20% | 30% | 40% | 50% | 60% | 70% | 80% | 90% | 100% |

RELACIONE DOIS OU TRÊS GANHOS, CONQUISTAS OU ACONTECIMENTOS POSITIVOS QUE OCORRERAM NO DIA DE HOJE.

1 _____
2 _____
3 _____

> "NÃO POSSO LHE DIZER, EM ALGUNS MINUTOS, COMO SER RICO. MAS POSSO LHE DIZER COMO SE SENTIR RICO. O QUE SEI POR EXPERIÊNCIA PRÓPRIA QUE É MUITO MELHOR. SEJA GRATO. ESSE É O ÚNICO MODO TOTALMENTE CONFIÁVEL DE ENRIQUECIMENTO RÁPIDO."
>
> BEN STEIN

DIA 33

DATA ☐ ☐ ☐

COMEÇO DO DIA

1. Qual (ou quais) aprendizados essa frase traz para você?

_____

_____

_____

2. Escolha no Mapa de Autoavaliação Sistêmico (MAAS) para que área da vida você dará mais atenção HOJE. Por que escolheu essa área?

_____

2.1. Qual a coisa mais importante que você fará hoje para desenvolver essa área?

_____

_____

3. Quais são as três tarefas/ações mais importantes que você fará hoje e que darão velocidade/qualidade aos seus objetivos?

HORA	TAREFA/AÇÃO

4. O que você não vai fazer (ou quem vai evitar) hoje para ter um dia mais positivo e produtivo?

1 _____

2 _____

104 FOCO NA PRÁTICA

5. Qual ato de generosidade você fará hoje e para quem será?

_____

6. Escreva quatro diferentes motivos de gratidão.

1 _____
2 _____
3 _____
4 _____

FIM DO DIA

MARQUE O EQUIVALENTE AO SEU CONSUMO DE ÁGUA DURANTE O DIA DE HOJE:

○ 2 LITROS ○ 1 LITRO ○ 500 ML ○ NADA

MARQUE O EQUIVALENTE ÀS ATIVIDADES FÍSICAS QUE VOCÊ REALIZOU HOJE:

○ 1 HORA OU MAIS ○ +/- 40 MIN ○ +/- 20 MIN ○ NADA

VOCÊ SE ALIMENTOU NOS HORÁRIOS CERTOS?

○ COMI O DIA INTEIRO, QUASE SEM PARAR. ○ EU ME ALIMENTEI REGULARMENTE DE TRÊS EM TRÊS HORAS. ○ PASSEI LONGOS PERÍODOS (+4H) SEM ME ALIMENTAR.

VOCÊ SE ALIMENTOU DE FORMA CORRETA?

○ ALIMENTAÇÃO BALANCEADA ○ ALIMENTAÇÃO DESBALANCEADA

MARQUE NA ESCALA ABAIXO COMO FOI O SEU DIA HOJE EM TERMOS DE REALIZAÇÃO E PRODUTIVIDADE.

| 10% | 20% | 30% | 40% | 50% | 60% | 70% | 80% | 90% | 100% |

RELACIONE DOIS OU TRÊS GANHOS, CONQUISTAS OU ACONTECIMENTOS POSITIVOS QUE OCORRERAM NO DIA DE HOJE.

1 _____
2 _____
3 _____

> **"UM EXÉRCITO DE CERVOS COMANDADO POR UM LEÃO É MUITO MAIS TEMÍVEL QUE UM EXÉRCITO DE LEÕES COMANDADO POR UM CERVO."**
>
> PLUTARCO

DIA 34

DATA ☐ ☐ ☐

COMEÇO DO DIA

1. Qual (ou quais) aprendizados essa frase traz para você?

_____

_____

_____

2. Escolha no Mapa de Autoavaliação Sistêmico (MAAS) para que área da vida você dará mais atenção HOJE. Por que escolheu essa área?

_____

2.1. Qual a coisa mais importante que você fará hoje para desenvolver essa área?

_____

_____

3. Quais são as três tarefas/ações mais importantes que você fará hoje e que darão velocidade/qualidade aos seus objetivos?

HORA	TAREFA/AÇÃO

4. O que você não vai fazer (ou quem vai evitar) hoje para ter um dia mais positivo e produtivo?

1 _____

2 _____

5. Qual ato de generosidade você fará hoje e para quem será?

_____

6. Escreva quatro diferentes motivos de gratidão.

1 _____
2 _____
3 _____
4 _____

FIM DO DIA

MARQUE O EQUIVALENTE AO SEU CONSUMO DE ÁGUA DURANTE O DIA DE HOJE:

○ 2 LITROS   ○ 1 LITRO   ○ 500 ML   ○ NADA

MARQUE O EQUIVALENTE ÀS ATIVIDADES FÍSICAS QUE VOCÊ REALIZOU HOJE:

○ 1 HORA OU MAIS   ○ +/- 40 MIN   ○ +/- 20 MIN   ○ NADA

VOCÊ SE ALIMENTOU NOS HORÁRIOS CERTOS?

○ COMI O DIA INTEIRO, QUASE SEM PARAR.   ○ EU ME ALIMENTEI REGULARMENTE DE TRÊS EM TRÊS HORAS.   ○ PASSEI LONGOS PERÍODOS (+4H) SEM ME ALIMENTAR.

VOCÊ SE ALIMENTOU DE FORMA CORRETA?

○ ALIMENTAÇÃO BALANCEADA   ○ ALIMENTAÇÃO DESBALANCEADA

MARQUE NA ESCALA ABAIXO COMO FOI O SEU DIA HOJE EM TERMOS DE REALIZAÇÃO E PRODUTIVIDADE.

10%	20%	30%	40%	50%	60%	70%	80%	90%	100%

RELACIONE DOIS OU TRÊS GANHOS, CONQUISTAS OU ACONTECIMENTOS POSITIVOS QUE OCORRERAM NO DIA DE HOJE.

1 _____
2 _____
3 _____

> ## "SE VOCÊ NÃO SE VÊ COMO VENCEDOR, ENTÃO NÃO AGIRÁ COMO UM."
>
> **ZIG ZIGLAR**

DIA 35

DATA ☐ ☐ ☐

COMEÇO DO DIA

1. Qual (ou quais) aprendizados essa frase traz para você?

_____

_____

_____

2. Escolha no Mapa de Autoavaliação Sistêmico (MAAS) para que área da vida você dará mais atenção HOJE. Por que escolheu essa área?

_____

2.1. Qual a coisa mais importante que você fará hoje para desenvolver essa área?

_____

_____

3. Quais são as três tarefas/ações mais importantes que você fará hoje e que darão velocidade/qualidade aos seus objetivos?

HORA	TAREFA/AÇÃO

4. O que você não vai fazer (ou quem vai evitar) hoje para ter um dia mais positivo e produtivo?

1 _____

2 _____

108 FOCO NA PRÁTICA

5. Qual ato de generosidade você fará hoje e para quem será?

_____

6. Escreva quatro diferentes motivos de gratidão.

1 _____
2 _____
3 _____
4 _____

FIM DO DIA

MARQUE O EQUIVALENTE AO SEU CONSUMO DE ÁGUA DURANTE O DIA DE HOJE:

○ 2 LITROS   ○ 1 LITRO   ○ 500 ML   ○ NADA

MARQUE O EQUIVALENTE ÀS ATIVIDADES FÍSICAS QUE VOCÊ REALIZOU HOJE:

○ 1 HORA OU MAIS   ○ +/- 40 MIN   ○ +/- 20 MIN   ○ NADA

VOCÊ SE ALIMENTOU NOS HORÁRIOS CERTOS?

○ COMI O DIA INTEIRO, QUASE SEM PARAR.   ○ EU ME ALIMENTEI REGULARMENTE DE TRÊS EM TRÊS HORAS.   ○ PASSEI LONGOS PERÍODOS (+4H) SEM ME ALIMENTAR.

VOCÊ SE ALIMENTOU DE FORMA CORRETA?

○ ALIMENTAÇÃO BALANCEADA   ○ ALIMENTAÇÃO DESBALANCEADA

MARQUE NA ESCALA ABAIXO COMO FOI O SEU DIA HOJE EM TERMOS DE REALIZAÇÃO E PRODUTIVIDADE.

| 10% | 20% | 30% | 40% | 50% | 60% | 70% | 80% | 90% | 100% |

RELACIONE DOIS OU TRÊS GANHOS, CONQUISTAS OU ACONTECIMENTOS POSITIVOS QUE OCORRERAM NO DIA DE HOJE.

1 _____
2 _____
3 _____

> **"A VIDA QUE VOCÊ TEM LEVADO É ABSOLUTAMENTE MÉRITO SEU, SEJA PELAS SUAS AÇÕES CONSCIENTES SEJA PELAS INCONSCIENTES, PELA QUALIDADE DE SEUS PENSAMENTOS, SEUS COMPORTAMENTOS E SUAS PALAVRAS."**
>
> PAULO VIEIRA

DIA 36

DATA ☐ ☐ ☐

COMEÇO DO DIA

1. Qual (ou quais) aprendizados essa frase traz para você?

_____
_____
_____

2. Escolha no Mapa de Autoavaliação Sistêmico (MAAS) para que área da vida você dará mais atenção HOJE. Por que escolheu essa área?

_____

2.1. Qual a coisa mais importante que você fará hoje para desenvolver essa área?

_____
_____

3. Quais são as três tarefas/ações mais importantes que você fará hoje e que darão velocidade/qualidade aos seus objetivos?

HORA	TAREFA/AÇÃO

4. O que você não vai fazer (ou quem vai evitar) hoje para ter um dia mais positivo e produtivo?

1 _____
2 _____

5. Qual ato de generosidade você fará hoje e para quem será?

_____

6. Escreva quatro diferentes motivos de gratidão.

1 _____
2 _____
3 _____
4 _____

FIM DO DIA

MARQUE O EQUIVALENTE AO SEU CONSUMO DE ÁGUA DURANTE O DIA DE HOJE:

O 2 LITROS   O 1 LITRO   O 500 ML   O NADA

MARQUE O EQUIVALENTE ÀS ATIVIDADES FÍSICAS QUE VOCÊ REALIZOU HOJE:

O 1 HORA OU MAIS   O +/- 40 MIN   O +/- 20 MIN   O NADA

VOCÊ SE ALIMENTOU NOS HORÁRIOS CERTOS?

O COMI O DIA INTEIRO, QUASE SEM PARAR.   O EU ME ALIMENTEI REGULARMENTE DE TRÊS EM TRÊS HORAS.   O PASSEI LONGOS PERÍODOS (+4H) SEM ME ALIMENTAR.

VOCÊ SE ALIMENTOU DE FORMA CORRETA?

O ALIMENTAÇÃO BALANCEADA   O ALIMENTAÇÃO DESBALANCEADA

MARQUE NA ESCALA ABAIXO COMO FOI O SEU DIA HOJE EM TERMOS DE REALIZAÇÃO E PRODUTIVIDADE.

| 10% | 20% | 30% | 40% | 50% | 60% | 70% | 80% | 90% | 100% |

RELACIONE DOIS OU TRÊS GANHOS, CONQUISTAS OU ACONTECIMENTOS POSITIVOS QUE OCORRERAM NO DIA DE HOJE.

1 _____
2 _____
3 _____

> "SER FELIZ É DEIXAR DE SER VÍTIMA DOS PROBLEMAS E SE TORNAR AUTOR DA PRÓPRIA HISTÓRIA. É ATRAVESSAR DESERTOS FORA DE SI, MAS SER CAPAZ DE ENCONTRAR UM OÁSIS NO RECÔNDITO DA SUA ALMA. É AGRADECER A DEUS A CADA MANHÃ PELO MILAGRE DA VIDA."
>
> AUGUSTO CURY

DIA 37

DATA ☐ ☐ ☐

COMEÇO DO DIA

1. Qual (ou quais) aprendizados essa frase traz para você?

_____
_____
_____

2. Escolha no Mapa de Autoavaliação Sistêmico (MAAS) para que área da vida você dará mais atenção HOJE. Por que escolheu essa área?

_____

2.1. Qual a coisa mais importante que você fará hoje para desenvolver essa área?

_____
_____

3. Quais são as três tarefas/ações mais importantes que você fará hoje e que darão velocidade/qualidade aos seus objetivos?

HORA	TAREFA/AÇÃO

4. O que você não vai fazer (ou quem vai evitar) hoje para ter um dia mais positivo e produtivo?

1 _____
2 _____

112 FOCO NA PRÁTICA

5. Qual ato de generosidade você fará hoje e para quem será?

_____

6. Escreva quatro diferentes motivos de gratidão.

1 _____
2 _____
3 _____
4 _____

FIM DO DIA

MARQUE O EQUIVALENTE AO SEU CONSUMO DE ÁGUA DURANTE O DIA DE HOJE:

○ 2 LITROS   ○ 1 LITRO   ○ 500 ML   ○ NADA

MARQUE O EQUIVALENTE ÀS ATIVIDADES FÍSICAS QUE VOCÊ REALIZOU HOJE:

○ 1 HORA OU MAIS   ○ +/- 40 MIN   ○ +/- 20 MIN   ○ NADA

VOCÊ SE ALIMENTOU NOS HORÁRIOS CERTOS?

○ COMI O DIA INTEIRO, QUASE SEM PARAR.   ○ EU ME ALIMENTEI REGULARMENTE DE TRÊS EM TRÊS HORAS.   ○ PASSEI LONGOS PERÍODOS (+4H) SEM ME ALIMENTAR.

VOCÊ SE ALIMENTOU DE FORMA CORRETA?

○ ALIMENTAÇÃO BALANCEADA   ○ ALIMENTAÇÃO DESBALANCEADA

MARQUE NA ESCALA ABAIXO COMO FOI O SEU DIA HOJE EM TERMOS DE REALIZAÇÃO E PRODUTIVIDADE.

| 10% | 20% | 30% | 40% | 50% | 60% | 70% | 80% | 90% | 100% |

RELACIONE DOIS OU TRÊS GANHOS, CONQUISTAS OU ACONTECIMENTOS POSITIVOS QUE OCORRERAM NO DIA DE HOJE.

1 _____
2 _____
3 _____

> **"UMA PESSOA NÃO PODE FUGIR E APRENDER AO MESMO TEMPO. ELA PRECISA PERMANECER ALGUM TEMPO NO MESMO LUGAR."**
>
> **ROBERT FISHER**

DIA 38

DATA ☐ ☐ ☐

COMEÇO DO DIA

1. Qual (ou quais) aprendizados essa frase traz para você?

_____
_____
_____

2. Escolha no Mapa de Autoavaliação Sistêmico (MAAS) para que área da vida você dará mais atenção HOJE. Por que escolheu essa área?

_____

2.1. Qual a coisa mais importante que você fará hoje para desenvolver essa área?

_____
_____

3. Quais são as três tarefas/ações mais importantes que você fará hoje e que darão velocidade/qualidade aos seus objetivos?

HORA	TAREFA/AÇÃO

4. O que você não vai fazer (ou quem vai evitar) hoje para ter um dia mais positivo e produtivo?

1 _____
2 _____

114 FOCO NA PRÁTICA

5. Qual ato de generosidade você fará hoje e para quem será?

_____

6. Escreva quatro diferentes motivos de gratidão.

1 _____
2 _____
3 _____
4 _____

FIM DO DIA

MARQUE O EQUIVALENTE AO SEU CONSUMO DE ÁGUA DURANTE O DIA DE HOJE:

○ 2 LITROS ○ 1 LITRO ○ 500 ML ○ NADA

MARQUE O EQUIVALENTE ÀS ATIVIDADES FÍSICAS QUE VOCÊ REALIZOU HOJE:

○ 1 HORA OU MAIS ○ +/- 40 MIN ○ +/- 20 MIN ○ NADA

VOCÊ SE ALIMENTOU NOS HORÁRIOS CERTOS?

○ COMI O DIA INTEIRO, QUASE SEM PARAR. ○ EU ME ALIMENTEI REGULARMENTE DE TRÊS EM TRÊS HORAS. ○ PASSEI LONGOS PERÍODOS (+4H) SEM ME ALIMENTAR.

VOCÊ SE ALIMENTOU DE FORMA CORRETA?

○ ALIMENTAÇÃO BALANCEADA ○ ALIMENTAÇÃO DESBALANCEADA

MARQUE NA ESCALA ABAIXO COMO FOI O SEU DIA HOJE EM TERMOS DE REALIZAÇÃO E PRODUTIVIDADE.

10%	20%	30%	40%	50%	60%	70%	80%	90%	100%

RELACIONE DOIS OU TRÊS GANHOS, CONQUISTAS OU ACONTECIMENTOS POSITIVOS QUE OCORRERAM NO DIA DE HOJE.

1 _____
2 _____
3 _____

"A VIDA LHE DÁ O QUE VOCÊ MERECE, NÃO O QUE VOCÊ PRECISA. NÃO É 'PRECISE E COLHERÁS', MAS SIM 'PLANTE E COLHERÁS'. SE VOCÊ REALMENTE PRECISA COLHER, ENTÃO REALMENTE PRECISA PLANTAR."

JIM ROHN

DIA 39

DATA ☐ ☐ ☐

COMEÇO DO DIA

1. Qual (ou quais) aprendizados essa frase traz para você?

_____

_____

_____

2. Escolha no Mapa de Autoavaliação Sistêmico (MAAS) para que área da vida você dará mais atenção HOJE. Por que escolheu essa área?

_____

2.1. Qual a coisa mais importante que você fará hoje para desenvolver essa área?

_____

_____

3. Quais são as três tarefas/ações mais importantes que você fará hoje e que darão velocidade/qualidade aos seus objetivos?

HORA	TAREFA/AÇÃO

4. O que você não vai fazer (ou quem vai evitar) hoje para ter um dia mais positivo e produtivo?

1 _____

2 _____

116 FOCO NA PRÁTICA

5. Qual ato de generosidade você fará hoje e para quem será?

_____

6. Escreva quatro diferentes motivos de gratidão.

1 _____
2 _____
3 _____
4 _____

FIM DO DIA

MARQUE O EQUIVALENTE AO SEU CONSUMO DE ÁGUA DURANTE O DIA DE HOJE:

○ 2 LITROS   ○ 1 LITRO   ○ 500 ML   ○ NADA

MARQUE O EQUIVALENTE ÀS ATIVIDADES FÍSICAS QUE VOCÊ REALIZOU HOJE:

○ 1 HORA OU MAIS   ○ +/- 40 MIN   ○ +/- 20 MIN   ○ NADA

VOCÊ SE ALIMENTOU NOS HORÁRIOS CERTOS?

○ COMI O DIA INTEIRO, QUASE SEM PARAR.   ○ EU ME ALIMENTEI REGULARMENTE DE TRÊS EM TRÊS HORAS.   ○ PASSEI LONGOS PERÍODOS (+4H) SEM ME ALIMENTAR.

VOCÊ SE ALIMENTOU DE FORMA CORRETA?

○ ALIMENTAÇÃO BALANCEADA   ○ ALIMENTAÇÃO DESBALANCEADA

MARQUE NA ESCALA ABAIXO COMO FOI O SEU DIA HOJE EM TERMOS DE REALIZAÇÃO E PRODUTIVIDADE.

10%	20%	30%	40%	50%	60%	70%	80%	90%	100%

RELACIONE DOIS OU TRÊS GANHOS, CONQUISTAS OU ACONTECIMENTOS POSITIVOS QUE OCORRERAM NO DIA DE HOJE.

1 _____
2 _____
3 _____

> **"PARA SENTIR O AMOR, DEVEMOS ANTES COMUNICÁ-LO EM ATOS, PALAVRAS E AÇÕES."**
>
> PAULO VIEIRA

DIA 40

DATA ☐ ☐ ☐

COMEÇO DO DIA

1. Qual (ou quais) aprendizados essa frase traz para você?

_____

_____

_____

2. Escolha no Mapa de Autoavaliação Sistêmico (MAAS) para que área da vida você dará mais atenção HOJE. Por que escolheu essa área?

_____

2.1. Qual a coisa mais importante que você fará hoje para desenvolver essa área?

_____

_____

3. Quais são as três tarefas/ações mais importantes que você fará hoje e que darão velocidade/qualidade aos seus objetivos?

HORA	TAREFA/AÇÃO

4. O que você não vai fazer (ou quem vai evitar) hoje para ter um dia mais positivo e produtivo?

1 _____

2 _____

118 FOCO NA PRÁTICA

5. Qual ato de generosidade você fará hoje e para quem será?

_____

6. Escreva quatro diferentes motivos de gratidão.

1 _____
2 _____
3 _____
4 _____

FIM DO DIA

MARQUE O EQUIVALENTE AO SEU CONSUMO DE ÁGUA DURANTE O DIA DE HOJE:

○ 2 LITROS   ○ 1 LITRO   ○ 500 ML   ○ NADA

MARQUE O EQUIVALENTE ÀS ATIVIDADES FÍSICAS QUE VOCÊ REALIZOU HOJE:

○ 1 HORA OU MAIS   ○ +/- 40 MIN   ○ +/- 20 MIN   ○ NADA

VOCÊ SE ALIMENTOU NOS HORÁRIOS CERTOS?

○ COMI O DIA INTEIRO, QUASE SEM PARAR.   ○ EU ME ALIMENTEI REGULARMENTE DE TRÊS EM TRÊS HORAS.   ○ PASSEI LONGOS PERÍODOS (+4H) SEM ME ALIMENTAR.

VOCÊ SE ALIMENTOU DE FORMA CORRETA?

○ ALIMENTAÇÃO BALANCEADA   ○ ALIMENTAÇÃO DESBALANCEADA

MARQUE NA ESCALA ABAIXO COMO FOI O SEU DIA HOJE EM TERMOS DE REALIZAÇÃO E PRODUTIVIDADE.

10%	20%	30%	40%	50%	60%	70%	80%	90%	100%

RELACIONE DOIS OU TRÊS GANHOS, CONQUISTAS OU ACONTECIMENTOS POSITIVOS QUE OCORRERAM NO DIA DE HOJE.

1 _____
2 _____
3 _____

"AINDA QUE EU FALASSE AS LÍNGUAS DOS HOMENS E DOS ANJOS, E NÃO TIVESSE AMOR, SERIA COMO O METAL QUE SOA OU COMO O SINO QUE TINE."

1 CORÍNTIOS 13:1

DIA 41

DATA ☐ ☐ ☐

COMEÇO DO DIA

1. Qual (ou quais) aprendizados essa frase traz para você?

_____

_____

_____

2. Escolha no Mapa de Autoavaliação Sistêmico (MAAS) para que área da vida você dará mais atenção HOJE. Por que escolheu essa área?

_____

2.1. Qual a coisa mais importante que você fará hoje para desenvolver essa área?

_____

_____

3. Quais são as três tarefas/ações mais importantes que você fará hoje e que darão velocidade/qualidade aos seus objetivos?

HORA	TAREFA/AÇÃO

4. O que você não vai fazer (ou quem vai evitar) hoje para ter um dia mais positivo e produtivo?

1 _____

2 _____

120 FOCO NA PRÁTICA

5. Qual ato de generosidade você fará hoje e para quem será?

_____

6. Escreva quatro diferentes motivos de gratidão.

1 _____
2 _____
3 _____
4 _____

FIM DO DIA

MARQUE O EQUIVALENTE AO SEU CONSUMO DE ÁGUA DURANTE O DIA DE HOJE:

○ 2 LITROS ○ 1 LITRO ○ 500 ML ○ NADA

MARQUE O EQUIVALENTE ÀS ATIVIDADES FÍSICAS QUE VOCÊ REALIZOU HOJE:

○ 1 HORA OU MAIS ○ +/- 40 MIN ○ +/- 20 MIN ○ NADA

VOCÊ SE ALIMENTOU NOS HORÁRIOS CERTOS?

○ COMI O DIA INTEIRO, QUASE SEM PARAR. ○ EU ME ALIMENTEI REGULARMENTE DE TRÊS EM TRÊS HORAS. ○ PASSEI LONGOS PERÍODOS (+4H) SEM ME ALIMENTAR.

VOCÊ SE ALIMENTOU DE FORMA CORRETA?

○ ALIMENTAÇÃO BALANCEADA ○ ALIMENTAÇÃO DESBALANCEADA

MARQUE NA ESCALA ABAIXO COMO FOI O SEU DIA HOJE EM TERMOS DE REALIZAÇÃO E PRODUTIVIDADE.

| 10% | 20% | 30% | 40% | 50% | 60% | 70% | 80% | 90% | 100% |

RELACIONE DOIS OU TRÊS GANHOS, CONQUISTAS OU ACONTECIMENTOS POSITIVOS QUE OCORRERAM NO DIA DE HOJE.

1 _____
2 _____
3 _____

> **"AMOR É A ÚNICA MANEIRA DE CAPTAR OUTRO SER HUMANO NO ÍNTIMO DA SUA PERSONALIDADE."**
>
> VIKTOR FRANKL

DIA 42

DATA ☐ ☐ ☐

COMEÇO DO DIA

1. Qual (ou quais) aprendizados essa frase traz para você?

_____

_____

_____

2. Escolha no Mapa de Autoavaliação Sistêmico (MAAS) para que área da vida você dará mais atenção HOJE. Por que escolheu essa área?

_____

2.1. Qual a coisa mais importante que você fará hoje para desenvolver essa área?

_____

_____

3. Quais são as três tarefas/ações mais importantes que você fará hoje e que darão velocidade/qualidade aos seus objetivos?

HORA	TAREFA/AÇÃO

4. O que você não vai fazer (ou quem vai evitar) hoje para ter um dia mais positivo e produtivo?

1 _____

2 _____

5. Qual ato de generosidade você fará hoje e para quem será?

_____

6. Escreva quatro diferentes motivos de gratidão.

1 _____
2 _____
3 _____
4 _____

FIM DO DIA

MARQUE O EQUIVALENTE AO SEU CONSUMO DE ÁGUA DURANTE O DIA DE HOJE:

○ 2 LITROS   ○ 1 LITRO   ○ 500 ML   ○ NADA

MARQUE O EQUIVALENTE ÀS ATIVIDADES FÍSICAS QUE VOCÊ REALIZOU HOJE:

○ 1 HORA OU MAIS   ○ +/- 40 MIN   ○ +/- 20 MIN   ○ NADA

VOCÊ SE ALIMENTOU NOS HORÁRIOS CERTOS?

○ COMI O DIA INTEIRO, QUASE SEM PARAR.   ○ EU ME ALIMENTEI REGULARMENTE DE TRÊS EM TRÊS HORAS.   ○ PASSEI LONGOS PERÍODOS (+4H) SEM ME ALIMENTAR.

VOCÊ SE ALIMENTOU DE FORMA CORRETA?

○ ALIMENTAÇÃO BALANCEADA   ○ ALIMENTAÇÃO DESBALANCEADA

MARQUE NA ESCALA ABAIXO COMO FOI O SEU DIA HOJE EM TERMOS DE REALIZAÇÃO E PRODUTIVIDADE.

| 10% | 20% | 30% | 40% | 50% | 60% | 70% | 80% | 90% | 100% |

RELACIONE DOIS OU TRÊS GANHOS, CONQUISTAS OU ACONTECIMENTOS POSITIVOS QUE OCORRERAM NO DIA DE HOJE.

1 _____
2 _____
3 _____

"DESCONFIO QUE A ÚNICA PESSOA LIVRE, REALMENTE LIVRE, É A QUE NÃO TEM MEDO DO RIDÍCULO."

LUIS FERNANDO VERISSIMO

DIA 43

DATA ☐ ☐ ☐

COMEÇO DO DIA

1. Qual (ou quais) aprendizados essa frase traz para você?

_____

_____

_____

2. Escolha no Mapa de Autoavaliação Sistêmico (MAAS) para que área da vida você dará mais atenção HOJE. Por que escolheu essa área?

_____

2.1. Qual a coisa mais importante que você fará hoje para desenvolver essa área?

_____

_____

3. Quais são as três tarefas/ações mais importantes que você fará hoje e que darão velocidade/qualidade aos seus objetivos?

HORA	TAREFA/AÇÃO

4. O que você não vai fazer (ou quem vai evitar) hoje para ter um dia mais positivo e produtivo?

1 _____

2 _____

124 FOCO NA PRÁTICA

5. Qual ato de generosidade você fará hoje e para quem será?

_____

6. Escreva quatro diferentes motivos de gratidão.

1 _____
2 _____
3 _____
4 _____

FIM DO DIA

MARQUE O EQUIVALENTE AO SEU CONSUMO DE ÁGUA DURANTE O DIA DE HOJE:

○ 2 LITROS   ○ 1 LITRO   ○ 500 ML   ○ NADA

MARQUE O EQUIVALENTE ÀS ATIVIDADES FÍSICAS QUE VOCÊ REALIZOU HOJE:

○ 1 HORA OU MAIS   ○ +/- 40 MIN   ○ +/- 20 MIN   ○ NADA

VOCÊ SE ALIMENTOU NOS HORÁRIOS CERTOS?

○ COMI O DIA INTEIRO, QUASE SEM PARAR.   ○ EU ME ALIMENTEI REGULARMENTE DE TRÊS EM TRÊS HORAS.   ○ PASSEI LONGOS PERÍODOS (+4H) SEM ME ALIMENTAR.

VOCÊ SE ALIMENTOU DE FORMA CORRETA?

○ ALIMENTAÇÃO BALANCEADA   ○ ALIMENTAÇÃO DESBALANCEADA

MARQUE NA ESCALA ABAIXO COMO FOI O SEU DIA HOJE EM TERMOS DE REALIZAÇÃO E PRODUTIVIDADE.

| 10% | 20% | 30% | 40% | 50% | 60% | 70% | 80% | 90% | 100% |

RELACIONE DOIS OU TRÊS GANHOS, CONQUISTAS OU ACONTECIMENTOS POSITIVOS QUE OCORRERAM NO DIA DE HOJE.

1 _____
2 _____
3 _____

> # "A INCAPACIDADE DE VIVER DE FORMA AUTORRESPONSÁVEL NOS FAZ REVIVER AS MESMAS CIRCUNSTÂNCIAS DE DOR AO LONGO DA VIDA."
>
> **PAULO VIEIRA**

DIA 44

DATA ☐ ☐ ☐

COMEÇO DO DIA

1. Qual (ou quais) aprendizados essa frase traz para você?

_____
_____
_____

2. Escolha no Mapa de Autoavaliação Sistêmico (MAAS) para que área da vida você dará mais atenção HOJE. Por que escolheu essa área?

_____

2.1. Qual a coisa mais importante que você fará hoje para desenvolver essa área?

_____
_____

3. Quais são as três tarefas/ações mais importantes que você fará hoje e que darão velocidade/qualidade aos seus objetivos?

HORA	TAREFA/AÇÃO

4. O que você não vai fazer (ou quem vai evitar) hoje para ter um dia mais positivo e produtivo?

1 _____
2 _____

126 FOCO NA PRÁTICA

5. Qual ato de generosidade você fará hoje e para quem será?

_____

6. Escreva quatro diferentes motivos de gratidão.

1 _____
2 _____
3 _____
4 _____

FIM DO DIA

MARQUE O EQUIVALENTE AO SEU CONSUMO DE ÁGUA DURANTE O DIA DE HOJE:

O 2 LITROS   O 1 LITRO   O 500 ML   O NADA

MARQUE O EQUIVALENTE ÀS ATIVIDADES FÍSICAS QUE VOCÊ REALIZOU HOJE:

O 1 HORA OU MAIS   O +/- 40 MIN   O +/- 20 MIN   O NADA

VOCÊ SE ALIMENTOU NOS HORÁRIOS CERTOS?

O COMI O DIA INTEIRO, QUASE SEM PARAR.   O EU ME ALIMENTEI REGULARMENTE DE TRÊS EM TRÊS HORAS.   O PASSEI LONGOS PERÍODOS (+4H) SEM ME ALIMENTAR.

VOCÊ SE ALIMENTOU DE FORMA CORRETA?

O ALIMENTAÇÃO BALANCEADA   O ALIMENTAÇÃO DESBALANCEADA

MARQUE NA ESCALA ABAIXO COMO FOI O SEU DIA HOJE EM TERMOS DE REALIZAÇÃO E PRODUTIVIDADE.

| 10% | 20% | 30% | 40% | 50% | 60% | 70% | 80% | 90% | 100% |

RELACIONE DOIS OU TRÊS GANHOS, CONQUISTAS OU ACONTECIMENTOS POSITIVOS QUE OCORRERAM NO DIA DE HOJE.

1 _____
2 _____
3 _____

> **"A PESSOA QUE TENTA JUSTIFICAR SEU COMPORTAMENTO RUIM SÓ CONSEGUE ENGANAR A SI MESMA."**
>
> GARY CHAPMAN

DIA 45

DATA ☐ ☐ ☐

COMEÇO DO DIA

1. Qual (ou quais) aprendizados essa frase traz para você?

_____

_____

_____

2. Escolha no Mapa de Autoavaliação Sistêmico (MAAS) para que área da vida você dará mais atenção HOJE. Por que escolheu essa área?

_____

2.1. Qual a coisa mais importante que você fará hoje para desenvolver essa área?

_____

_____

3. Quais são as três tarefas/ações mais importantes que você fará hoje e que darão velocidade/qualidade aos seus objetivos?

HORA	TAREFA/AÇÃO

4. O que você não vai fazer (ou quem vai evitar) hoje para ter um dia mais positivo e produtivo?

1 _____

2 _____

128 FOCO NA PRÁTICA

5. Qual ato de generosidade você fará hoje e para quem será?

_____

6. Escreva quatro diferentes motivos de gratidão.

1 _____
2 _____
3 _____
4 _____

FIM DO DIA

MARQUE O EQUIVALENTE AO SEU CONSUMO DE ÁGUA DURANTE O DIA DE HOJE:

○ 2 LITROS ○ 1 LITRO ○ 500 ML ○ NADA

MARQUE O EQUIVALENTE ÀS ATIVIDADES FÍSICAS QUE VOCÊ REALIZOU HOJE:

○ 1 HORA OU MAIS ○ +/- 40 MIN ○ +/- 20 MIN ○ NADA

VOCÊ SE ALIMENTOU NOS HORÁRIOS CERTOS?

○ COMI O DIA INTEIRO, QUASE SEM PARAR.   ○ EU ME ALIMENTEI REGULARMENTE DE TRÊS EM TRÊS HORAS.   ○ PASSEI LONGOS PERÍODOS (+4H) SEM ME ALIMENTAR.

VOCÊ SE ALIMENTOU DE FORMA CORRETA?

○ ALIMENTAÇÃO BALANCEADA   ○ ALIMENTAÇÃO DESBALANCEADA

MARQUE NA ESCALA ABAIXO COMO FOI O SEU DIA HOJE EM TERMOS DE REALIZAÇÃO E PRODUTIVIDADE.

10%	20%	30%	40%	50%	60%	70%	80%	90%	100%

RELACIONE DOIS OU TRÊS GANHOS, CONQUISTAS OU ACONTECIMENTOS POSITIVOS QUE OCORRERAM NO DIA DE HOJE.

1 _____
2 _____
3 _____

"AQUELE QUE FOR CAPAZ DE PERDER UMA CORRIDA SEM CULPAR OS OUTROS PELA SUA DERROTA TEM GRANDE POSSIBILIDADE DE ALGUM DIA SER BEM-SUCEDIDO."

NAPOLEON HILL

DIA 46

DATA ☐ ☐ ☐

COMEÇO DO DIA

1. Qual (ou quais) aprendizados essa frase traz para você?

_____
_____
_____

2. Escolha no Mapa de Autoavaliação Sistêmico (MAAS) para que área da vida você dará mais atenção HOJE. Por que escolheu essa área?

_____

2.1. Qual a coisa mais importante que você fará hoje para desenvolver essa área?

_____
_____

3. Quais são as três tarefas/ações mais importantes que você fará hoje e que darão velocidade/qualidade aos seus objetivos?

HORA	TAREFA/AÇÃO

4. O que você não vai fazer (ou quem vai evitar) hoje para ter um dia mais positivo e produtivo?

1 _____
2 _____

130 FOCO NA PRÁTICA

5. Qual ato de generosidade você fará hoje e para quem será?

_____

6. Escreva quatro diferentes motivos de gratidão.

1 _____
2 _____
3 _____
4 _____

FIM DO DIA

MARQUE O EQUIVALENTE AO SEU CONSUMO DE ÁGUA DURANTE O DIA DE HOJE:

○ 2 LITROS   ○ 1 LITRO   ○ 500 ML   ○ NADA

MARQUE O EQUIVALENTE ÀS ATIVIDADES FÍSICAS QUE VOCÊ REALIZOU HOJE:

○ 1 HORA OU MAIS   ○ +/- 40 MIN   ○ +/- 20 MIN   ○ NADA

VOCÊ SE ALIMENTOU NOS HORÁRIOS CERTOS?

○ COMI O DIA INTEIRO, QUASE SEM PARAR.   ○ EU ME ALIMENTEI REGULARMENTE DE TRÊS EM TRÊS HORAS.   ○ PASSEI LONGOS PERÍODOS (+4H) SEM ME ALIMENTAR.

VOCÊ SE ALIMENTOU DE FORMA CORRETA?

○ ALIMENTAÇÃO BALANCEADA   ○ ALIMENTAÇÃO DESBALANCEADA

MARQUE NA ESCALA ABAIXO COMO FOI O SEU DIA HOJE EM TERMOS DE REALIZAÇÃO E PRODUTIVIDADE.

10%	20%	30%	40%	50%	60%	70%	80%	90%	100%

RELACIONE DOIS OU TRÊS GANHOS, CONQUISTAS OU ACONTECIMENTOS POSITIVOS QUE OCORRERAM NO DIA DE HOJE.

1 _____
2 _____
3 _____

> **"USAR O PODER DA DECISÃO NOS DÁ A CAPACIDADE DE SUPERAR QUALQUER JUSTIFICATIVA PARA MUDAR TODA E QUALQUER PARTE DE NOSSA VIDA NUM INSTANTE."**
>
> ANTHONY ROBBINS

DIA 47

DATA ☐ ☐ ☐

COMEÇO DO DIA

1. Qual (ou quais) aprendizados essa frase traz para você?

_____

_____

_____

2. Escolha no Mapa de Autoavaliação Sistêmico (MAAS) para que área da vida você dará mais atenção HOJE. Por que escolheu essa área?

_____

2.1. Qual a coisa mais importante que você fará hoje para desenvolver essa área?

_____

_____

3. Quais são as três tarefas/ações mais importantes que você fará hoje e que darão velocidade/qualidade aos seus objetivos?

HORA	TAREFA/AÇÃO

4. O que você não vai fazer (ou quem vai evitar) hoje para ter um dia mais positivo e produtivo?

1 _____

2 _____

132 FOCO NA PRÁTICA

5. Qual ato de generosidade você fará hoje e para quem será?

_____

6. Escreva quatro diferentes motivos de gratidão.

1 _____
2 _____
3 _____
4 _____

FIM DO DIA

MARQUE O EQUIVALENTE AO SEU CONSUMO DE ÁGUA DURANTE O DIA DE HOJE:

○ 2 LITROS   ○ 1 LITRO   ○ 500 ML   ○ NADA

MARQUE O EQUIVALENTE ÀS ATIVIDADES FÍSICAS QUE VOCÊ REALIZOU HOJE:

○ 1 HORA OU MAIS   ○ +/- 40 MIN   ○ +/- 20 MIN   ○ NADA

VOCÊ SE ALIMENTOU NOS HORÁRIOS CERTOS?

○ COMI O DIA INTEIRO, QUASE SEM PARAR.   ○ EU ME ALIMENTEI REGULARMENTE DE TRÊS EM TRÊS HORAS.   ○ PASSEI LONGOS PERÍODOS (+4H) SEM ME ALIMENTAR.

VOCÊ SE ALIMENTOU DE FORMA CORRETA?

○ ALIMENTAÇÃO BALANCEADA   ○ ALIMENTAÇÃO DESBALANCEADA

MARQUE NA ESCALA ABAIXO COMO FOI O SEU DIA HOJE EM TERMOS DE REALIZAÇÃO E PRODUTIVIDADE.

10%	20%	30%	40%	50%	60%	70%	80%	90%	100%

RELACIONE DOIS OU TRÊS GANHOS, CONQUISTAS OU ACONTECIMENTOS POSITIVOS QUE OCORRERAM NO DIA DE HOJE.

1 _____
2 _____
3 _____

"UMA GRANDE IDEIA RESULTANTE DE PROFUNDA REFLEXÃO, SEM UMA AÇÃO PARA COLOCÁ-LA EM PRÁTICA, É O MESMO QUE FRUSTRAÇÃO."

PAULO VIEIRA

DIA 48

DATA ☐ ☐ ☐

COMEÇO DO DIA

1. Qual (ou quais) aprendizados essa frase traz para você?

_____

_____

_____

2. Escolha no Mapa de Autoavaliação Sistêmico (MAAS) para que área da vida você dará mais atenção HOJE. Por que escolheu essa área?

_____

2.1. Qual a coisa mais importante que você fará hoje para desenvolver essa área?

_____

_____

3. Quais são as três tarefas/ações mais importantes que você fará hoje e que darão velocidade/qualidade aos seus objetivos?

HORA	TAREFA/AÇÃO

4. O que você não vai fazer (ou quem vai evitar) hoje para ter um dia mais positivo e produtivo?

1 _____

2 _____

134 FOCO NA PRÁTICA

5. Qual ato de generosidade você fará hoje e para quem será?

_____

6. Escreva quatro diferentes motivos de gratidão.

1 _____
2 _____
3 _____
4 _____

FIM DO DIA

MARQUE O EQUIVALENTE AO SEU CONSUMO DE ÁGUA DURANTE O DIA DE HOJE:

O 2 LITROS   O 1 LITRO   O 500 ML   O NADA

MARQUE O EQUIVALENTE ÀS ATIVIDADES FÍSICAS QUE VOCÊ REALIZOU HOJE:

O 1 HORA OU MAIS   O +/- 40 MIN   O +/- 20 MIN   O NADA

VOCÊ SE ALIMENTOU NOS HORÁRIOS CERTOS?

O COMI O DIA INTEIRO, QUASE SEM PARAR.   O EU ME ALIMENTEI REGULARMENTE DE TRÊS EM TRÊS HORAS.   O PASSEI LONGOS PERÍODOS (+4H) SEM ME ALIMENTAR.

VOCÊ SE ALIMENTOU DE FORMA CORRETA?

O ALIMENTAÇÃO BALANCEADA   O ALIMENTAÇÃO DESBALANCEADA

MARQUE NA ESCALA ABAIXO COMO FOI O SEU DIA HOJE EM TERMOS DE REALIZAÇÃO E PRODUTIVIDADE.

| 10% | 20% | 30% | 40% | 50% | 60% | 70% | 80% | 90% | 100% |

RELACIONE DOIS OU TRÊS GANHOS, CONQUISTAS OU ACONTECIMENTOS POSITIVOS QUE OCORRERAM NO DIA DE HOJE.

1 _____
2 _____
3 _____

"FALTA DE DIREÇÃO, NÃO FALTA DE TEMPO, É O PROBLEMA. TODO MUNDO TEM DIAS DE VINTE E QUATRO HORAS."

ZIG ZIGLAR

DIA 49

DATA ☐ ☐ ☐

COMEÇO DO DIA

1. Qual (ou quais) aprendizados essa frase traz para você?

_____

_____

_____

2. Escolha no Mapa de Autoavaliação Sistêmico (MAAS) para que área da vida você dará mais atenção HOJE. Por que escolheu essa área?

_____

2.1. Qual a coisa mais importante que você fará hoje para desenvolver essa área?

_____

_____

3. Quais são as três tarefas/ações mais importantes que você fará hoje e que darão velocidade/qualidade aos seus objetivos?

HORA	TAREFA/AÇÃO

4. O que você não vai fazer (ou quem vai evitar) hoje para ter um dia mais positivo e produtivo?

1 _____

2 _____

136 FOCO NA PRÁTICA

5. Qual ato de generosidade você fará hoje e para quem será?

_____

6. Escreva quatro diferentes motivos de gratidão.

1 _____
2 _____
3 _____
4 _____

FIM DO DIA

MARQUE O EQUIVALENTE AO SEU CONSUMO DE ÁGUA DURANTE O DIA DE HOJE:

○ 2 LITROS   ○ 1 LITRO   ○ 500 ML   ○ NADA

MARQUE O EQUIVALENTE ÀS ATIVIDADES FÍSICAS QUE VOCÊ REALIZOU HOJE:

○ 1 HORA OU MAIS   ○ +/- 40 MIN   ○ +/- 20 MIN   ○ NADA

VOCÊ SE ALIMENTOU NOS HORÁRIOS CERTOS?

○ COMI O DIA INTEIRO, QUASE SEM PARAR.   ○ EU ME ALIMENTEI REGULARMENTE DE TRÊS EM TRÊS HORAS.   ○ PASSEI LONGOS PERÍODOS (+4H) SEM ME ALIMENTAR.

VOCÊ SE ALIMENTOU DE FORMA CORRETA?

○ ALIMENTAÇÃO BALANCEADA   ○ ALIMENTAÇÃO DESBALANCEADA

MARQUE NA ESCALA ABAIXO COMO FOI O SEU DIA HOJE EM TERMOS DE REALIZAÇÃO E PRODUTIVIDADE.

10%	20%	30%	40%	50%	60%	70%	80%	90%	100%

RELACIONE DOIS OU TRÊS GANHOS, CONQUISTAS OU ACONTECIMENTOS POSITIVOS QUE OCORRERAM NO DIA DE HOJE.

1 _____
2 _____
3 _____

"O MAIOR RISCO É NÃO SE ARRISCAR."

JORGE PAULO LEMANN

DIA 50

DATA ☐ ☐ ☐

COMEÇO DO DIA

1. Qual (ou quais) aprendizados essa frase traz para você?

_____

_____

_____

2. Escolha no Mapa de Autoavaliação Sistêmico (MAAS) para que área da vida você dará mais atenção HOJE. Por que escolheu essa área?

_____

2.1. Qual a coisa mais importante que você fará hoje para desenvolver essa área?

_____

_____

3. Quais são as três tarefas/ações mais importantes que você fará hoje e que darão velocidade/qualidade aos seus objetivos?

HORA	TAREFA/AÇÃO

4. O que você não vai fazer (ou quem vai evitar) hoje para ter um dia mais positivo e produtivo?

1 _____

2 _____

138 FOCO NA PRÁTICA

5. Qual ato de generosidade você fará hoje e para quem será?

_____

6. Escreva quatro diferentes motivos de gratidão.

1 _____
2 _____
3 _____
4 _____

FIM DO DIA

MARQUE O EQUIVALENTE AO SEU CONSUMO DE ÁGUA DURANTE O DIA DE HOJE:

O 2 LITROS   O 1 LITRO   O 500 ML   O NADA

MARQUE O EQUIVALENTE ÀS ATIVIDADES FÍSICAS QUE VOCÊ REALIZOU HOJE:

O 1 HORA OU MAIS   O +/- 40 MIN   O +/- 20 MIN   O NADA

VOCÊ SE ALIMENTOU NOS HORÁRIOS CERTOS?

O COMI O DIA INTEIRO, QUASE SEM PARAR.   O EU ME ALIMENTEI REGULARMENTE DE TRÊS EM TRÊS HORAS.   O PASSEI LONGOS PERÍODOS (+4H) SEM ME ALIMENTAR.

VOCÊ SE ALIMENTOU DE FORMA CORRETA?

O ALIMENTAÇÃO BALANCEADA   O ALIMENTAÇÃO DESBALANCEADA

MARQUE NA ESCALA ABAIXO COMO FOI O SEU DIA HOJE EM TERMOS DE REALIZAÇÃO E PRODUTIVIDADE.

| 10% | 20% | 30% | 40% | 50% | 60% | 70% | 80% | 90% | 100% |

RELACIONE DOIS OU TRÊS GANHOS, CONQUISTAS OU ACONTECIMENTOS POSITIVOS QUE OCORRERAM NO DIA DE HOJE.

1 _____
2 _____
3 _____

> **"UM LÍDER NÃO É ALGUÉM A QUEM FOI DADA UMA COROA, MAS A QUEM FOI DADA A RESPONSABILIDADE FAZER SOBRESSAIR O QUE HÁ DE MELHOR NOS OUTROS."**
>
> JACK WELCH

DIA 51

DATA ☐ ☐ ☐

COMEÇO DO DIA

1. Qual (ou quais) aprendizados essa frase traz para você?

_____

_____

_____

2. Escolha no Mapa de Autoavaliação Sistêmico (MAAS) para que área da vida você dará mais atenção HOJE. Por que escolheu essa área?

_____

2.1. Qual a coisa mais importante que você fará hoje para desenvolver essa área?

_____

_____

3. Quais são as três tarefas/ações mais importantes que você fará hoje e que darão velocidade/qualidade aos seus objetivos?

HORA	TAREFA/AÇÃO

4. O que você não vai fazer (ou quem vai evitar) hoje para ter um dia mais positivo e produtivo?

1 _____

2 _____

140 FOCO NA PRÁTICA

5. Qual ato de generosidade você fará hoje e para quem será?

_____

6. Escreva quatro diferentes motivos de gratidão.

1 _____
2 _____
3 _____
4 _____

FIM DO DIA

MARQUE O EQUIVALENTE AO SEU CONSUMO DE ÁGUA DURANTE O DIA DE HOJE:

○ 2 LITROS ○ 1 LITRO ○ 500 ML ○ NADA

MARQUE O EQUIVALENTE ÀS ATIVIDADES FÍSICAS QUE VOCÊ REALIZOU HOJE:

○ 1 HORA OU MAIS ○ +/- 40 MIN ○ +/- 20 MIN ○ NADA

VOCÊ SE ALIMENTOU NOS HORÁRIOS CERTOS?

○ COMI O DIA INTEIRO, QUASE SEM PARAR.   ○ EU ME ALIMENTEI REGULARMENTE DE TRÊS EM TRÊS HORAS.   ○ PASSEI LONGOS PERÍODOS (+4H) SEM ME ALIMENTAR.

VOCÊ SE ALIMENTOU DE FORMA CORRETA?

○ ALIMENTAÇÃO BALANCEADA   ○ ALIMENTAÇÃO DESBALANCEADA

MARQUE NA ESCALA ABAIXO COMO FOI O SEU DIA HOJE EM TERMOS DE REALIZAÇÃO E PRODUTIVIDADE.

10%	20%	30%	40%	50%	60%	70%	80%	90%	100%

RELACIONE DOIS OU TRÊS GANHOS, CONQUISTAS OU ACONTECIMENTOS POSITIVOS QUE OCORRERAM NO DIA DE HOJE.

1 _____
2 _____
3 _____

> **"FOCO É A CAPACIDADE DE APROVEITAR AS CONDIÇÕES NATURAIS DISPONÍVEIS A QUALQUER UM, PRODUZIR PODER E GERAR MUDANÇAS AO CONCENTRAR-SE EM UM ÚNICO PONTO."**
>
> **PAULO VIEIRA**

DIA 52

DATA ☐ ☐ ☐

COMEÇO DO DIA

1. Qual (ou quais) aprendizados essa frase traz para você?

_____
_____
_____

2. Escolha no Mapa de Autoavaliação Sistêmico (MAAS) para que área da vida você dará mais atenção HOJE. Por que escolheu essa área?

_____

2.1. Qual a coisa mais importante que você fará hoje para desenvolver essa área?

_____
_____

3. Quais são as três tarefas/ações mais importantes que você fará hoje e que darão velocidade/qualidade aos seus objetivos?

HORA	TAREFA/AÇÃO

4. O que você não vai fazer (ou quem vai evitar) hoje para ter um dia mais positivo e produtivo?

1 _____
2 _____

5. Qual ato de generosidade você fará hoje e para quem será?

_____

6. Escreva quatro diferentes motivos de gratidão.

1 _____
2 _____
3 _____
4 _____

FIM DO DIA

MARQUE O EQUIVALENTE AO SEU CONSUMO DE ÁGUA DURANTE O DIA DE HOJE:

○ 2 LITROS   ○ 1 LITRO   ○ 500 ML   ○ NADA

MARQUE O EQUIVALENTE ÀS ATIVIDADES FÍSICAS QUE VOCÊ REALIZOU HOJE:

○ 1 HORA OU MAIS   ○ +/- 40 MIN   ○ +/- 20 MIN   ○ NADA

VOCÊ SE ALIMENTOU NOS HORÁRIOS CERTOS?

○ COMI O DIA INTEIRO, QUASE SEM PARAR.   ○ EU ME ALIMENTEI REGULARMENTE DE TRÊS EM TRÊS HORAS.   ○ PASSEI LONGOS PERÍODOS (+4H) SEM ME ALIMENTAR.

VOCÊ SE ALIMENTOU DE FORMA CORRETA?

○ ALIMENTAÇÃO BALANCEADA   ○ ALIMENTAÇÃO DESBALANCEADA

MARQUE NA ESCALA ABAIXO COMO FOI O SEU DIA HOJE EM TERMOS DE REALIZAÇÃO E PRODUTIVIDADE.

10%	20%	30%	40%	50%	60%	70%	80%	90%	100%

RELACIONE DOIS OU TRÊS GANHOS, CONQUISTAS OU ACONTECIMENTOS POSITIVOS QUE OCORRERAM NO DIA DE HOJE.

1 _____
2 _____
3 _____

> **"OS DIAS SÃO CAROS. QUANDO VOCÊ GASTA UM DIA, VOCÊ TEM UM DIA A MENOS PARA GASTAR. ENTÃO TENHA CERTEZA DE QUE GASTARÁ CADA DIA SABIAMENTE."**
>
> JIM ROHN

DIA 53

DATA ☐ ☐ ☐

COMEÇO DO DIA

1. Qual (ou quais) aprendizados essa frase traz para você?

_____
_____
_____

2. Escolha no Mapa de Autoavaliação Sistêmico (MAAS) para que área da vida você dará mais atenção HOJE. Por que escolheu essa área?

_____

2.1. Qual a coisa mais importante que você fará hoje para desenvolver essa área?

_____
_____

3. Quais são as três tarefas/ações mais importantes que você fará hoje e que darão velocidade/qualidade aos seus objetivos?

HORA	TAREFA/AÇÃO

4. O que você não vai fazer (ou quem vai evitar) hoje para ter um dia mais positivo e produtivo?

1 _____
2 _____

144 FOCO NA PRÁTICA

5. Qual ato de generosidade você fará hoje e para quem será?

_____

6. Escreva quatro diferentes motivos de gratidão.

1 _____
2 _____
3 _____
4 _____

FIM DO DIA

MARQUE O EQUIVALENTE AO SEU CONSUMO DE ÁGUA DURANTE O DIA DE HOJE:

○ 2 LITROS　　○ 1 LITRO　　○ 500 ML　　○ NADA

MARQUE O EQUIVALENTE ÀS ATIVIDADES FÍSICAS QUE VOCÊ REALIZOU HOJE:

○ 1 HORA OU MAIS　　○ +/- 40 MIN　　○ +/- 20 MIN　　○ NADA

VOCÊ SE ALIMENTOU NOS HORÁRIOS CERTOS?

○ COMI O DIA INTEIRO, QUASE SEM PARAR.　　○ EU ME ALIMENTEI REGULARMENTE DE TRÊS EM TRÊS HORAS.　　○ PASSEI LONGOS PERÍODOS (+4H) SEM ME ALIMENTAR.

VOCÊ SE ALIMENTOU DE FORMA CORRETA?

○ ALIMENTAÇÃO BALANCEADA　　○ ALIMENTAÇÃO DESBALANCEADA

MARQUE NA ESCALA ABAIXO COMO FOI O SEU DIA HOJE EM TERMOS DE REALIZAÇÃO E PRODUTIVIDADE.

10%	20%	30%	40%	50%	60%	70%	80%	90%	100%

RELACIONE DOIS OU TRÊS GANHOS, CONQUISTAS OU ACONTECIMENTOS POSITIVOS QUE OCORRERAM NO DIA DE HOJE.

1 _____
2 _____
3 _____

> "PENSAR EM EXCESSO, COMO SEMPRE DIGO, É PREJUDICIAL. O EXCESSO DE PENSAMENTOS DESGASTA O CÉREBRO E ASFIXIA A IMAGINAÇÃO, A TRANQUILIDADE E A SOCIABILIDADE."
>
> AUGUSTO CURY

DIA 54

DATA ☐ ☐ ☐

COMEÇO DO DIA

1. Qual (ou quais) aprendizados essa frase traz para você?

_____
_____
_____

2. Escolha no Mapa de Autoavaliação Sistêmico (MAAS) para que área da vida você dará mais atenção HOJE. Por que escolheu essa área?

_____

2.1. Qual a coisa mais importante que você fará hoje para desenvolver essa área?

_____
_____

3. Quais são as três tarefas/ações mais importantes que você fará hoje e que darão velocidade/qualidade aos seus objetivos?

HORA	TAREFA/AÇÃO

4. O que você não vai fazer (ou quem vai evitar) hoje para ter um dia mais positivo e produtivo?

1 _____
2 _____

5. Qual ato de generosidade você fará hoje e para quem será?

_____

6. Escreva quatro diferentes motivos de gratidão.

1 _____
2 _____
3 _____
4 _____

FIM DO DIA

MARQUE O EQUIVALENTE AO SEU CONSUMO DE ÁGUA DURANTE O DIA DE HOJE:

○ 2 LITROS ○ 1 LITRO ○ 500 ML ○ NADA

MARQUE O EQUIVALENTE ÀS ATIVIDADES FÍSICAS QUE VOCÊ REALIZOU HOJE:

○ 1 HORA OU MAIS ○ +/- 40 MIN ○ +/- 20 MIN ○ NADA

VOCÊ SE ALIMENTOU NOS HORÁRIOS CERTOS?

○ COMI O DIA INTEIRO, QUASE SEM PARAR. ○ EU ME ALIMENTEI REGULARMENTE DE TRÊS EM TRÊS HORAS. ○ PASSEI LONGOS PERÍODOS (+4H) SEM ME ALIMENTAR.

VOCÊ SE ALIMENTOU DE FORMA CORRETA?

○ ALIMENTAÇÃO BALANCEADA ○ ALIMENTAÇÃO DESBALANCEADA

MARQUE NA ESCALA ABAIXO COMO FOI O SEU DIA HOJE EM TERMOS DE REALIZAÇÃO E PRODUTIVIDADE.

| 10% | 20% | 30% | 40% | 50% | 60% | 70% | 80% | 90% | 100% |

RELACIONE DOIS OU TRÊS GANHOS, CONQUISTAS OU ACONTECIMENTOS POSITIVOS QUE OCORRERAM NO DIA DE HOJE.

1 _____
2 _____
3 _____

> **"É MELHOR AGIR DEPRESSA DEMAIS DO QUE ESPERAR TEMPO DEMAIS."**
>
> JACK WELCH

DIA 55

DATA ☐ ☐ ☐

COMEÇO DO DIA

1. Qual (ou quais) aprendizados essa frase traz para você?

_____

_____

_____

2. Escolha no Mapa de Autoavaliação Sistêmico (MAAS) para que área da vida você dará mais atenção HOJE. Por que escolheu essa área?

_____

2.1. Qual a coisa mais importante que você fará hoje para desenvolver essa área?

_____

_____

3. Quais são as três tarefas/ações mais importantes que você fará hoje e que darão velocidade/qualidade aos seus objetivos?

HORA	TAREFA/AÇÃO

4. O que você não vai fazer (ou quem vai evitar) hoje para ter um dia mais positivo e produtivo?

1 _____

2 _____

148 FOCO NA PRÁTICA

5. Qual ato de generosidade você fará hoje e para quem será?

_____

6. Escreva quatro diferentes motivos de gratidão.

1 _____
2 _____
3 _____
4 _____

FIM DO DIA

MARQUE O EQUIVALENTE AO SEU CONSUMO DE ÁGUA DURANTE O DIA DE HOJE:

O 2 LITROS   O 1 LITRO   O 500 ML   O NADA

MARQUE O EQUIVALENTE ÀS ATIVIDADES FÍSICAS QUE VOCÊ REALIZOU HOJE:

O 1 HORA OU MAIS   O +/- 40 MIN   O +/- 20 MIN   O NADA

VOCÊ SE ALIMENTOU NOS HORÁRIOS CERTOS?

O COMI O DIA INTEIRO, QUASE SEM PARAR.   O EU ME ALIMENTEI REGULARMENTE DE TRÊS EM TRÊS HORAS.   O PASSEI LONGOS PERÍODOS (+4H) SEM ME ALIMENTAR.

VOCÊ SE ALIMENTOU DE FORMA CORRETA?

O ALIMENTAÇÃO BALANCEADA   O ALIMENTAÇÃO DESBALANCEADA

MARQUE NA ESCALA ABAIXO COMO FOI O SEU DIA HOJE EM TERMOS DE REALIZAÇÃO E PRODUTIVIDADE.

| 10% | 20% | 30% | 40% | 50% | 60% | 70% | 80% | 90% | 100% |

RELACIONE DOIS OU TRÊS GANHOS, CONQUISTAS OU ACONTECIMENTOS POSITIVOS QUE OCORRERAM NO DIA DE HOJE.

1 _____
2 _____
3 _____

> **"QUANDO COMBINAMOS OS PASSOS CERTOS, PELOS CAMINHOS APROPRIADOS, NOS MOMENTOS ADEQUADOS, E CONTAMOS COM OS RECURSOS E AS PESSOAS CERTAS, CONSEGUIMOS CHEGAR A QUALQUER LUGAR."**
>
> **PAULO VIEIRA**

DIA 56

DATA ☐ ☐ ☐

COMEÇO DO DIA

1. Qual (ou quais) aprendizados essa frase traz para você?

_____
_____
_____

2. Escolha no Mapa de Autoavaliação Sistêmico (MAAS) para que área da vida você dará mais atenção HOJE. Por que escolheu essa área?

_____

2.1. Qual a coisa mais importante que você fará hoje para desenvolver essa área?

_____
_____

3. Quais são as três tarefas/ações mais importantes que você fará hoje e que darão velocidade/qualidade aos seus objetivos?

HORA	TAREFA/AÇÃO

4. O que você não vai fazer (ou quem vai evitar) hoje para ter um dia mais positivo e produtivo?

1 _____
2 _____

150 FOCO NA PRÁTICA

5. Qual ato de generosidade você fará hoje e para quem será?

_____

6. Escreva quatro diferentes motivos de gratidão.

1 _____
2 _____
3 _____
4 _____

FIM DO DIA

MARQUE O EQUIVALENTE AO SEU CONSUMO DE ÁGUA DURANTE O DIA DE HOJE:

O 2 LITROS   O 1 LITRO   O 500 ML   O NADA

MARQUE O EQUIVALENTE ÀS ATIVIDADES FÍSICAS QUE VOCÊ REALIZOU HOJE:

O 1 HORA OU MAIS   O +/- 40 MIN   O +/- 20 MIN   O NADA

VOCÊ SE ALIMENTOU NOS HORÁRIOS CERTOS?

O COMI O DIA INTEIRO, QUASE SEM PARAR.   O EU ME ALIMENTEI REGULARMENTE DE TRÊS EM TRÊS HORAS.   O PASSEI LONGOS PERÍODOS (+4H) SEM ME ALIMENTAR.

VOCÊ SE ALIMENTOU DE FORMA CORRETA?

O ALIMENTAÇÃO BALANCEADA   O ALIMENTAÇÃO DESBALANCEADA

MARQUE NA ESCALA ABAIXO COMO FOI O SEU DIA HOJE EM TERMOS DE REALIZAÇÃO E PRODUTIVIDADE.

| 10% | 20% | 30% | 40% | 50% | 60% | 70% | 80% | 90% | 100% |

RELACIONE DOIS OU TRÊS GANHOS, CONQUISTAS OU ACONTECIMENTOS POSITIVOS QUE OCORRERAM NO DIA DE HOJE.

1 _____
2 _____
3 _____

"NÃO TENHA MEDO DE DESISTIR DO BOM PARA PERSEGUIR O ÓTIMO."

JOHN D. ROCKEFELLER

DIA 57

DATA ☐ ☐ ☐

COMEÇO DO DIA

1. Qual (ou quais) aprendizados essa frase traz para você?

_____

_____

_____

2. Escolha no Mapa de Autoavaliação Sistêmico (MAAS) para que área da vida você dará mais atenção HOJE. Por que escolheu essa área?

_____

2.1. Qual a coisa mais importante que você fará hoje para desenvolver essa área?

_____

_____

3. Quais são as três tarefas/ações mais importantes que você fará hoje e que darão velocidade/qualidade aos seus objetivos?

HORA	TAREFA/AÇÃO

4. O que você não vai fazer (ou quem vai evitar) hoje para ter um dia mais positivo e produtivo?

1 _____

2 _____

152 FOCO NA PRÁTICA

5. Qual ato de generosidade você fará hoje e para quem será?

_____

6. Escreva quatro diferentes motivos de gratidão.

1 _____
2 _____
3 _____
4 _____

FIM DO DIA

MARQUE O EQUIVALENTE AO SEU CONSUMO DE ÁGUA DURANTE O DIA DE HOJE:

O 2 LITROS   O 1 LITRO   O 500 ML   O NADA

MARQUE O EQUIVALENTE ÀS ATIVIDADES FÍSICAS QUE VOCÊ REALIZOU HOJE:

O 1 HORA OU MAIS   O +/- 40 MIN   O +/- 20 MIN   O NADA

VOCÊ SE ALIMENTOU NOS HORÁRIOS CERTOS?

O COMI O DIA INTEIRO, QUASE SEM PARAR.   O EU ME ALIMENTEI REGULARMENTE DE TRÊS EM TRÊS HORAS.   O PASSEI LONGOS PERÍODOS (+4H) SEM ME ALIMENTAR.

VOCÊ SE ALIMENTOU DE FORMA CORRETA?

O ALIMENTAÇÃO BALANCEADA   O ALIMENTAÇÃO DESBALANCEADA

MARQUE NA ESCALA ABAIXO COMO FOI O SEU DIA HOJE EM TERMOS DE REALIZAÇÃO E PRODUTIVIDADE.

| 10% | 20% | 30% | 40% | 50% | 60% | 70% | 80% | 90% | 100% |

RELACIONE DOIS OU TRÊS GANHOS, CONQUISTAS OU ACONTECIMENTOS POSITIVOS QUE OCORRERAM NO DIA DE HOJE.

1 _____
2 _____
3 _____

> "É MUITO MELHOR ARRISCAR COISAS GRANDIOSAS, ALCANÇAR TRIUNFOS E GLÓRIAS, MESMO EXPONDO-SE À DERROTA, DO QUE FORMAR FILA COM OS POBRES DE ESPÍRITO QUE NEM GOZAM MUITO NEM SOFREM MUITO, PORQUE VIVEM NESSA PENUMBRA CINZENTA QUE NÃO CONHECE VITÓRIA NEM DERROTA."
>
> THEODORE ROOSEVELT

DIA 58

DATA ☐ ☐ ☐

COMEÇO DO DIA

1. Qual (ou quais) aprendizados essa frase traz para você?

_____

_____

_____

2. Escolha no Mapa de Autoavaliação Sistêmico (MAAS) para que área da vida você dará mais atenção HOJE. Por que escolheu essa área?

_____

2.1. Qual a coisa mais importante que você fará hoje para desenvolver essa área?

_____

_____

3. Quais são as três tarefas/ações mais importantes que você fará hoje e que darão velocidade/qualidade aos seus objetivos?

HORA	TAREFA/AÇÃO

4. O que você não vai fazer (ou quem vai evitar) hoje para ter um dia mais positivo e produtivo?

1 _____

2 _____

154 FOCO NA PRÁTICA

5. Qual ato de generosidade você fará hoje e para quem será?

_____

6. Escreva quatro diferentes motivos de gratidão.

1 _____
2 _____
3 _____
4 _____

FIM DO DIA

MARQUE O EQUIVALENTE AO SEU CONSUMO DE ÁGUA DURANTE O DIA DE HOJE:

O 2 LITROS   O 1 LITRO   O 500 ML   O NADA

MARQUE O EQUIVALENTE ÀS ATIVIDADES FÍSICAS QUE VOCÊ REALIZOU HOJE:

O 1 HORA OU MAIS   O +/- 40 MIN   O +/- 20 MIN   O NADA

VOCÊ SE ALIMENTOU NOS HORÁRIOS CERTOS?

O COMI O DIA INTEIRO, QUASE SEM PARAR.   O EU ME ALIMENTEI REGULARMENTE DE TRÊS EM TRÊS HORAS.   O PASSEI LONGOS PERÍODOS (+4H) SEM ME ALIMENTAR.

VOCÊ SE ALIMENTOU DE FORMA CORRETA?

O ALIMENTAÇÃO BALANCEADA   O ALIMENTAÇÃO DESBALANCEADA

MARQUE NA ESCALA ABAIXO COMO FOI O SEU DIA HOJE EM TERMOS DE REALIZAÇÃO E PRODUTIVIDADE.

10%	20%	30%	40%	50%	60%	70%	80%	90%	100%

RELACIONE DOIS OU TRÊS GANHOS, CONQUISTAS OU ACONTECIMENTOS POSITIVOS QUE OCORRERAM NO DIA DE HOJE.

1 _____
2 _____
3 _____

PAULO VIEIRA 155

"VISTE UM HOMEM PERITO EM SEU OFÍCIO? PERANTE REIS SERÁ POSTO; NÃO SERÁ POSTO PERANTE OS DE BAIXA SORTE."

PROVÉRBIOS 22:29

DIA 59

DATA ☐ ☐ ☐

COMEÇO DO DIA

1. Qual (ou quais) aprendizados essa frase traz para você?

_____
_____
_____

2. Escolha no Mapa de Autoavaliação Sistêmico (MAAS) para que área da vida você dará mais atenção HOJE. Por que escolheu essa área?

_____

2.1. Qual a coisa mais importante que você fará hoje para desenvolver essa área?

_____
_____

3. Quais são as três tarefas/ações mais importantes que você fará hoje e que darão velocidade/qualidade aos seus objetivos?

HORA	TAREFA/AÇÃO

4. O que você não vai fazer (ou quem vai evitar) hoje para ter um dia mais positivo e produtivo?

1 _____
2 _____

156 FOCO NA PRÁTICA

5. Qual ato de generosidade você fará hoje e para quem será?

_____

6. Escreva quatro diferentes motivos de gratidão.

1 _____
2 _____
3 _____
4 _____

FIM DO DIA

MARQUE O EQUIVALENTE AO SEU CONSUMO DE ÁGUA DURANTE O DIA DE HOJE:

O 2 LITROS   O 1 LITRO   O 500 ML   O NADA

MARQUE O EQUIVALENTE ÀS ATIVIDADES FÍSICAS QUE VOCÊ REALIZOU HOJE:

O 1 HORA OU MAIS   O +/- 40 MIN   O +/- 20 MIN   O NADA

VOCÊ SE ALIMENTOU NOS HORÁRIOS CERTOS?

O COMI O DIA INTEIRO, QUASE SEM PARAR.   O EU ME ALIMENTEI REGULARMENTE DE TRÊS EM TRÊS HORAS.   O PASSEI LONGOS PERÍODOS (+4H) SEM ME ALIMENTAR.

VOCÊ SE ALIMENTOU DE FORMA CORRETA?

O ALIMENTAÇÃO BALANCEADA   O ALIMENTAÇÃO DESBALANCEADA

MARQUE NA ESCALA ABAIXO COMO FOI O SEU DIA HOJE EM TERMOS DE REALIZAÇÃO E PRODUTIVIDADE.

| 10% | 20% | 30% | 40% | 50% | 60% | 70% | 80% | 90% | 100% |

RELACIONE DOIS OU TRÊS GANHOS, CONQUISTAS OU ACONTECIMENTOS POSITIVOS QUE OCORRERAM NO DIA DE HOJE.

1 _____
2 _____
3 _____

> **"SE VOCÊ NÃO CONSTRUIR SEU SONHO,
> OUTRA PESSOA VAI CONTRATÁ-LO
> PARA CONSTRUIR OS DELA."**
> TONY GASKINS

DIA 60

DATA ☐ ☐ ☐

COMEÇO DO DIA

1. Qual (ou quais) aprendizados essa frase traz para você?

_____
_____
_____

2. Escolha no Mapa de Autoavaliação Sistêmico (MAAS) para que área da vida você dará mais atenção HOJE. Por que escolheu essa área?

_____

2.1. Qual a coisa mais importante que você fará hoje para desenvolver essa área?

_____
_____

3. Quais são as três tarefas/ações mais importantes que você fará hoje e que darão velocidade/qualidade aos seus objetivos?

HORA	TAREFA/AÇÃO

4. O que você não vai fazer (ou quem vai evitar) hoje para ter um dia mais positivo e produtivo?

1 _____
2 _____

158 FOCO NA PRÁTICA

5. Qual ato de generosidade você fará hoje e para quem será?

_____

6. Escreva quatro diferentes motivos de gratidão.

1 _____
2 _____
3 _____
4 _____

FIM DO DIA

MARQUE O EQUIVALENTE AO SEU CONSUMO DE ÁGUA DURANTE O DIA DE HOJE:

○ 2 LITROS   ○ 1 LITRO   ○ 500 ML   ○ NADA

MARQUE O EQUIVALENTE ÀS ATIVIDADES FÍSICAS QUE VOCÊ REALIZOU HOJE:

○ 1 HORA OU MAIS   ○ +/- 40 MIN   ○ +/- 20 MIN   ○ NADA

VOCÊ SE ALIMENTOU NOS HORÁRIOS CERTOS?

○ COMI O DIA INTEIRO, QUASE SEM PARAR.   ○ EU ME ALIMENTEI REGULARMENTE DE TRÊS EM TRÊS HORAS.   ○ PASSEI LONGOS PERÍODOS (+4H) SEM ME ALIMENTAR.

VOCÊ SE ALIMENTOU DE FORMA CORRETA?

○ ALIMENTAÇÃO BALANCEADA   ○ ALIMENTAÇÃO DESBALANCEADA

MARQUE NA ESCALA ABAIXO COMO FOI O SEU DIA HOJE EM TERMOS DE REALIZAÇÃO E PRODUTIVIDADE.

| 10% | 20% | 30% | 40% | 50% | 60% | 70% | 80% | 90% | 100% |

RELACIONE DOIS OU TRÊS GANHOS, CONQUISTAS OU ACONTECIMENTOS POSITIVOS QUE OCORRERAM NO DIA DE HOJE.

1 _____
2 _____
3 _____

MAPA DE AUTOAVALIAÇÃO SISTÊMICO

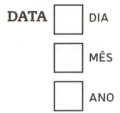

DATA
☐ DIA
☐ MÊS
☐ ANO

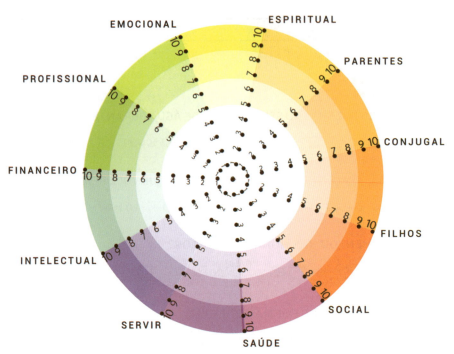

NOTA: 1 A 5
MUITO CRÍTICO

NOTA: 6 OU 7
CRÍTICO

NOTA: 8 OU 9
BOM

NOTA: 10
PLENITUDE

UMA VEZ PREENCHIDO O **MAAS**, QUE FIGURA É FORMADA AO LIGAR OS PONTOS ENTRE OS PILARES? ESSA FIGURA REPRESENTA QUANTO A SUA VIDA ESTÁ FLUINDO. A RODA QUE SIMBOLIZA A SUA VIDA ESTÁ GIRANDO? QUAL APRENDIZADO VOCÊ TEM AO OBSERVAR O SEU MAAS? COM BASE NESSE APRENDIZADO, QUAIS SÃO AS SUAS DECISÕES?

_____
_____
_____
_____

Este livro foi impresso
pela gráfica Assahi em
papel offset 90 g/m² em
junho de 2021.

DESAFIO DO DIA

PARABÉNS!
VOCÊ CONCLUIU O LIVRO
FOCO NA PRÁTICA

Se você realmente vem se dedicando ao *Foco na Prática*,
neste momento, já deve ter percebido o poder do foco no seu crescimento,
já saiu da zona de conforto e está buscando seus sonhos mais ousados.
Também conseguiu identificar as áreas da sua vida que precisam
de mais atenção, já conhece melhor seus defeitos e suas qualidades,
vem exercitando a gratidão diariamente e trabalhando
sua relação com o próximo.

Mas sua jornada não termina aqui.
Mantenha o foco visionário, comportamental e consistente
para continuar evoluindo, desenvolvendo sua inteligência emocional
e perseverando rumo aos seus objetivos.

Ainda nem começou...
O melhor ainda está por vir!

Um grande abraço!

Paulo Vieira

DESAFIO DO DIA

DESAFIO DO DIA

DESAFIO DO DIA

DESAFIO DO DIA

DESAFIO DO DIA

DESAFIO DO DIA

DESAFIO DO DIA

DESAFIO DO DIA

DESAFIO DO DIA

DESAFIO DO DIA

ELOGIE DUAS PESSOAS NO TRABALHO.

Os elogios proporcionam um ambiente de trabalho melhor, funcionários automotivados e maior produtividade. Mas, atenção: nunca use o elogio a um funcionário para criticar o outro.

ELOGIE DUAS PESSOAS DA SUA FAMÍLIA.

Elogiar é uma forma de dizer "eu te amo". Estimula o desenvolvimento da relação e cria ambientes propícios a mudanças positivas. Ma o elogio precisa ser sincero e sem brincadeiras

ELOGIE DUAS PESSOAS DE QUE VOCÊ GOSTA.

Elogiar é uma forma de demonstrar carinho, respeito e admiração. E ressaltar as características positivas de alguém estimula essa pessoa a desenvolver ainda mais essas características positivas.

DÊ UM LONGO ABRAÇO EM UMA PESSOA QUERIDA.

O abraço ativa a produção de ocitocina, hormônio do bem-estar, que desenvolve o afet e a empatia entre as pessoas. A ocitocina também combate a depressão.

LEIA O PROVÉRBIO DO DIA.

O livro de Provérbios, na Bíblia Sagrada, possui 31 capítulos. Leia o capítulo correspondente ao dia de hoje.

Exemplo: se hoje é dia 7, leia o capítulo 7.

PROFETIZE COISAS BOAS NA VIDA DE ALGUÉM.

As palavras têm poder. Profetize coisas boas na vida das pessoas que você quer bem.

PEÇA DESCULPAS A ALGUÉM QUE VOCÊ MAGOOU.

Pedir desculpas não é um ato de fraqueza, mas de maturidade. Se você magoou alguém, mesmo que sem intenção, peça desculpas.

VÁ À PRAIA.

O contato com a natureza ajuda a recarregar as energias. Se você não mora perto da praia, vá até um rio, uma lagoa, um parque botânico etc

FAÇA UMA SURPRESA DE AMOR PARA ALGUÉM.

Um café da manhã, uma flor, um presente, um cartão, um chocolate... Qualquer coisa pode virar uma surpresa de amor. Use a criatividade!

OLHE NOS OLHOS DE UMA PESSOA E DIGA QUE A AMA.

Não importa se você já disse isso antes ou se é primeira vez. Não importa se você acredita que aquela pessoa já saiba que é amada. Apenas diga!